すてきな保育者になるために

伊藤嘉子＊鞍掛昭二＊三瓶令子＊吉野幸男　編

NEWうたってひこう

音楽之友社

はじめに

“子どもに背を向けてピアノにしがみつく”のではなく、“子どもと一緒にうたいながら伴奏を弾く”ことができる保育者を育てるために「うたってひこう」(95年)は、企画されました。おかげさまで数多くの保育士・幼稚園教員養成校でテキストに採用されてきました。

この基本姿勢を受け継ぎながら、教材曲を厳選するとともに、より実践的な内容を求めて全面的に見直し、本書が生まれました。

たくさんの養成校の先生方に、「子どもが好きな歌」「子どもに伝えたい歌」を選曲していただき、その中から人気の高い曲をセレクトしました。それらを題材に、前半部分は初級者が無理なく自分なりの伴奏がつけられるように編集しています。曲を季節順に配列していないのは、段階を踏んで進めるための配慮です。

導入部分は、主和音・属和音の2和音(2コード)、次に主和音・属和音・下属和音の3和音(3コード)へ進めるよう配慮しました。

伴奏法としては、右手のメロディーに対して左手で和音伴奏をつける2段譜、右手が和音、左手は根音などを受け持つ伴奏形の3段譜を採用しています。また、作曲者のオリジナル伴奏の曲もあります。使用する人の好みや段階、状況に応じて、いろいろなケースで幅広く活用していただけると思います。

教材曲を使った面白い遊びや表現遊びの例も紹介しています。

本書が、保育者を志す多くの人や保育・教育に携わっている方々にひろく活用していただければ幸いです。

2003年1月　編集委員一同

もくじ

・はじめに…… 3

（作詞・作曲・編曲）

ぶんぶんぶん……村野四郎／ボヘミア民謡／吉野幸男 6

ちょうちょう……スペイン民謡／吉野幸男 10

メリーさんのひつじ……高田三九三訳詞／アメリカ曲／吉野幸男 14

きらきらぼし……武鹿悦子／フランス曲／吉野幸男 16

ちゅうりっぷ……近藤美耶子／井上武士／吉野幸男 20

かたつむり（A・B・C）……文部省唱歌／三瓶令子 22

どんぐりころころ……青木存義／梁田 貞／澤田直子 25

かえるの合唱（輪唱）……岡本敏明／ドイツ民謡／三瓶令子 26

とんぼのめがね……額賀誠志／平井康三郎 27

う　み……林 柳波／井上武士／文部省唱歌／くらかけ昭二 28

しゃぼん玉（A・B）……野口雨情／中山晋平／吉野幸男 30

水あそび……東 くめ／滝廉太郎 33

こいのぼり……近藤宮子／作者不詳／くらかけ昭二 34

くさいっぽん……まど・みちお／鈴木敏明／くらかけ昭二 36

アチャパチャノーチャ……ラップランド民謡／相澤保正 39

ゴリラのうた……上坪マヤ／峰　陽／吉野幸男 40

ぞうさん……まど・みちお／團伊玖磨 41

かめの遠足……新沢としひこ／中川ひろたか／吉野幸男 42

さ ん ぽ……中川李枝子／久石 譲／吉用愛子 44

とけいのうた……筒井敬介／村上太朗／松原靖子 46

〈参考曲〉時計の歌……溝上日出夫（詞・曲） 47

うちゅうせんのうた……ともろぎゆきお／峯　陽／高御堂愛子 48

アイアイ……相田裕美／宇野誠一郎／くらかけ昭二 50

森のくまさん……馬場祥弘／アメリカ民謡／澤田直子 52

山の音楽家……水田詩仙／ドイツ民謡／平松昌子 54

にんげんっていいな……山口あかり／小林亜星／伊藤嘉子 56

とんでったバナナ……片岡 輝／桜井順／澤田直子 59

ホ！ ホ！ ホ！……伊藤アキラ／越部信義／伊藤嘉子 62

バスごっこ……香山美子／湯山 昭／吉野幸男 64

おおきい木……まど・みちお／金光威和雄／くらかけ昭二 66

き の こ……まど・みちお／くらかけ昭二 68

わらべうた……三瓶令子編 72

一ねんせいになったら……まど・みちお／山本直純／藤本逸子 74

ぶんぶんぶん

両手でメロディーを弾きながら歌いましょう

村野四郎 作詞
ボヘミア民謡
吉野幸男 編曲

a

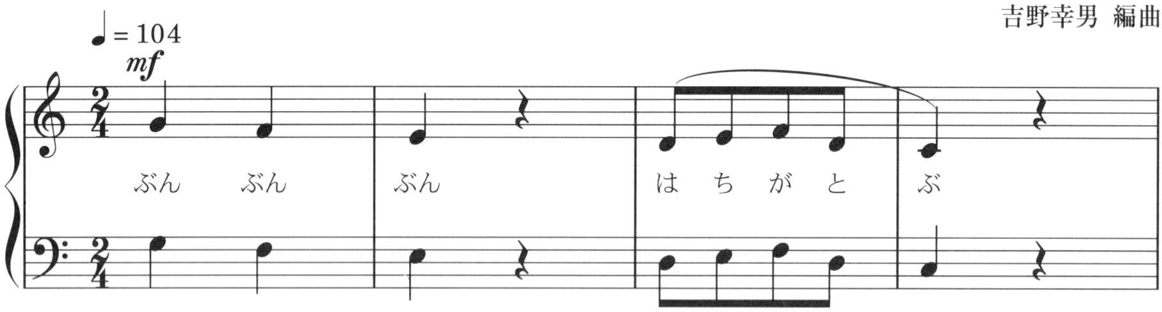

b

a

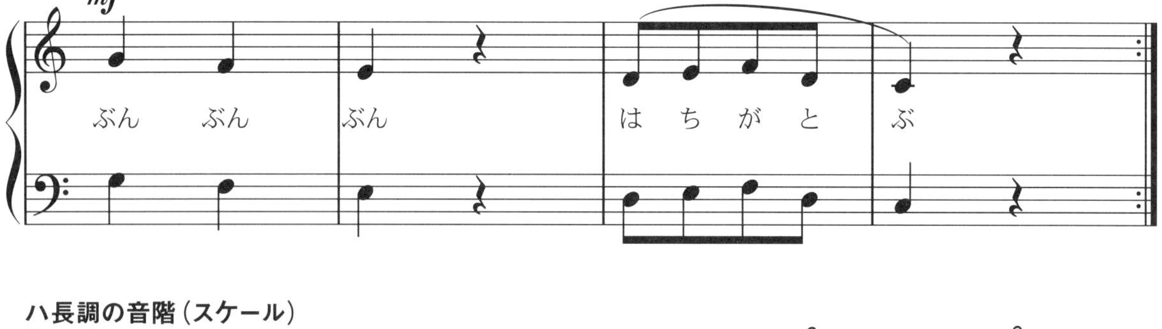

ハ長調の音階（スケール）
（ド～ソまでの5音の練習）

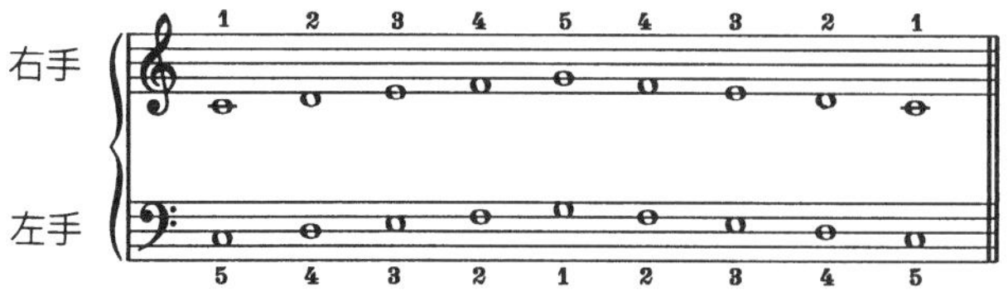

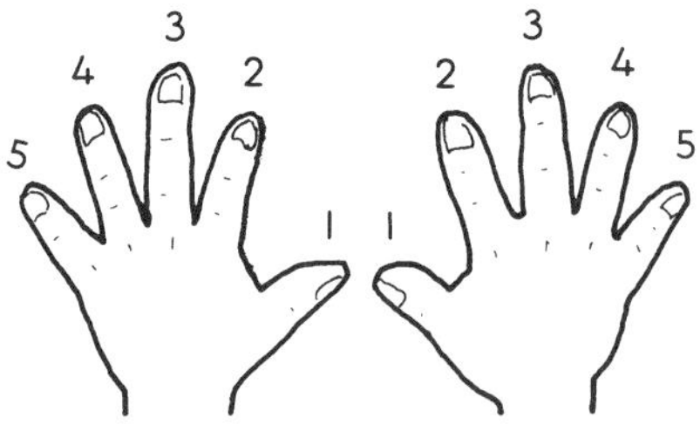

ハ長調の音階

右手

左手

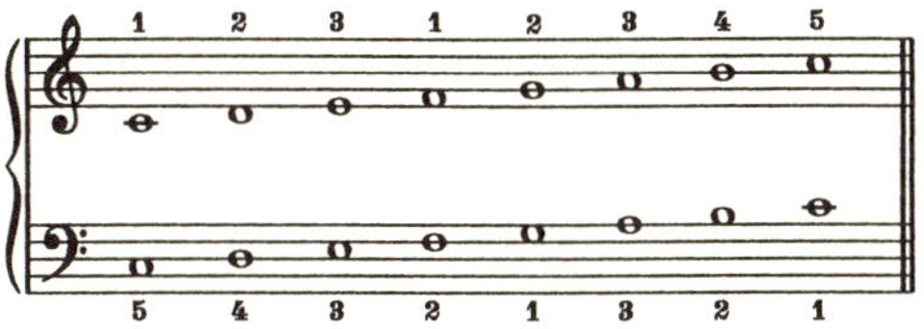

使用和音
（コード）

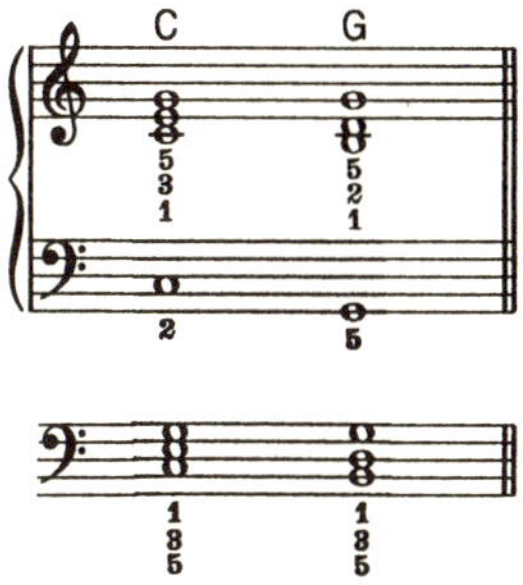

次の伴奏型で弾き歌いしましょう

吉野幸男 編曲

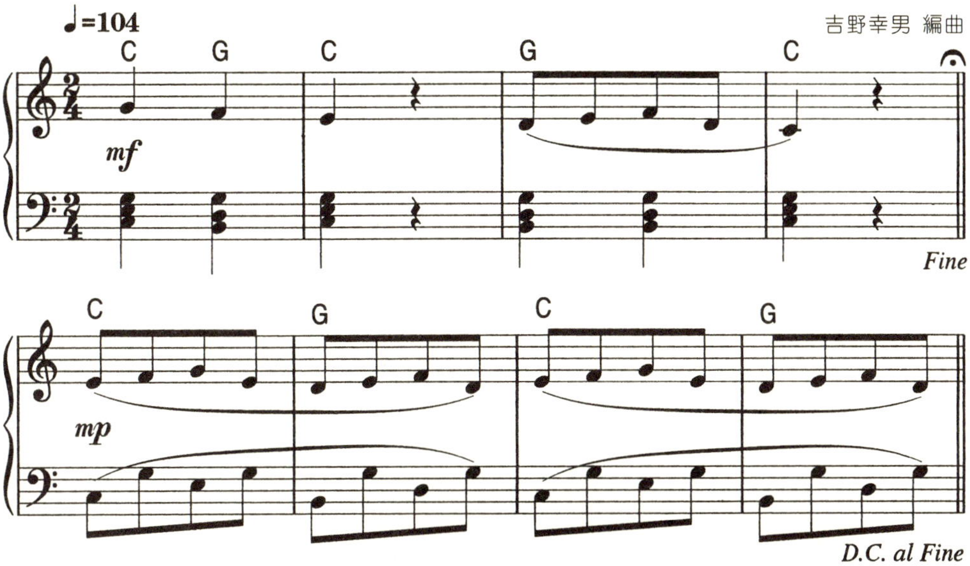

※a・b・aの型の曲はD.C. al Fine の記号を使うと左のように書き表わすことができます。したがってaとbが弾ければ全曲を弾くことができます。

※上段に記したコードネームは、左手の和音伴奏を指示したものです。

※Gのコードの時、メロディーにファ（F音）がある場合は、実際にはG_7の響きになります。

次の伴奏型で「ぶん　ぶん　ぶん」を弾き歌いしましょう

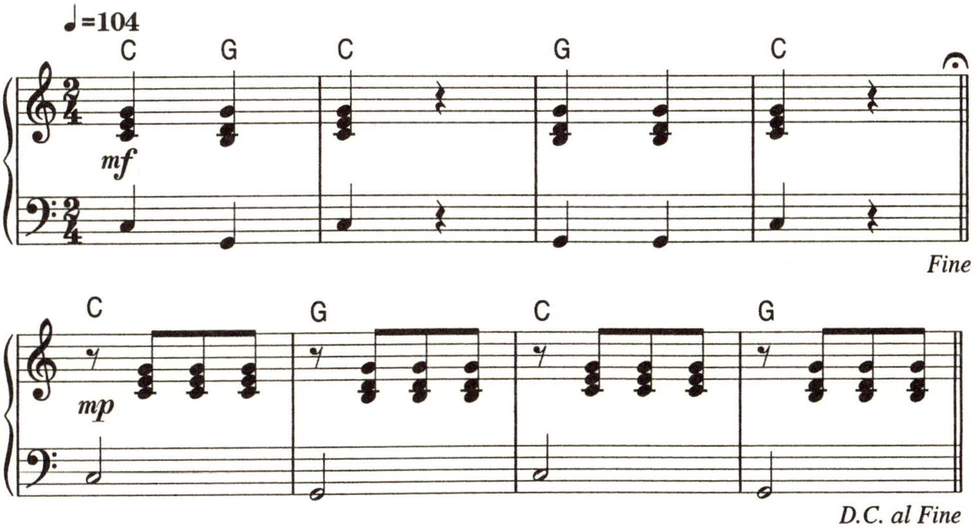

※上段に記したコードネームは、右手の和音伴奏を指示したものです。

※左手は和音の根音をバスにしたものです。

D.C. al Fine　（*Da Capo al Fine*　ダ・カーポ・アル・フィーネ）

曲の初めにもどって終わりまでの意。

終わりは*Fine*や複縦線の上にある 𝄐（フェルマータ）のところです。

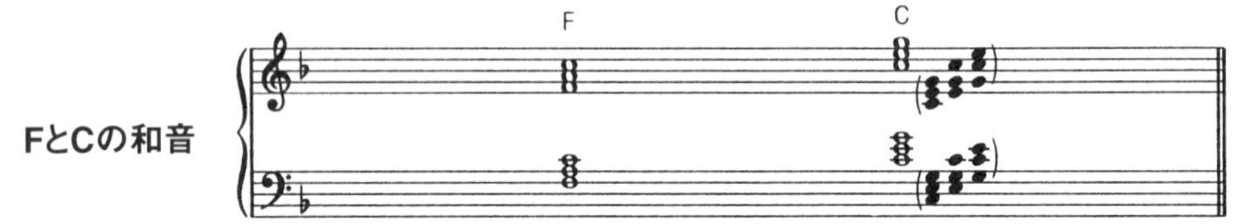

（詳細は13ページを参照）

「ぶん　ぶん　ぶん」をヘ長調にして弾き歌いしましょう

ヘ長調

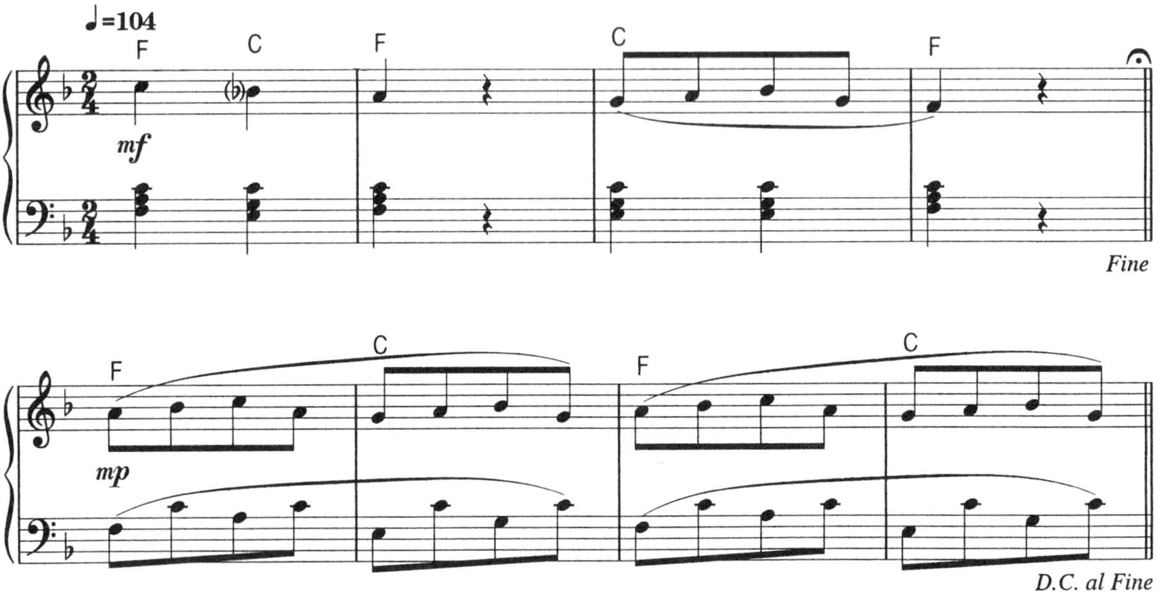

●音名と階名について

音名は、楽音の高さを表わすためにつけられた固有名称のことです。C音を中心にして（日本はハ音）、基礎となる7個の音が1組となっています。日本では＜ハニホヘトイロ＞と呼び、英・米では＜CDEFGAB＞、ドイツでは＜CDEFGAH＞、伊・仏では＜ドレミファソラシ＞がそれぞれ用いられます。

階名は、音階の各音を表わす名称のことで、一般に＜ドレミファソラシ＞を用いています。これは、伊・仏の音名と同じです。

1. リズムは「タン・ウン」「1ト2ト」など、言語的手がかりを用いるととりやすいです。

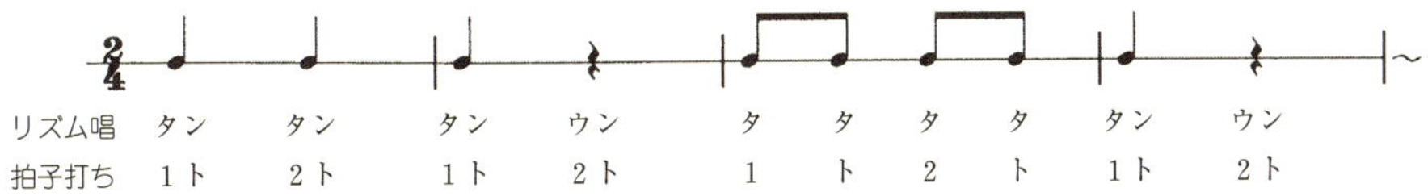

2. 5指以内で弾ける曲です。5本の指を広げたりちぢめたりしないで、手を自然な形にして、バランスをくずさないで弾くとよいでしょう。後に出てくる「ちょうちょう」「メリーさんの羊」も同じです。
3. 歌詞と音楽のリズムがぴったり合っている曲なので、はっきりした言葉で歌うとリズムがとりやすいです。
4. 個々の音が美しく響いているかどうか、しっかり聴きながら弾きましょう。
   特に伴奏部は、メロディーより強すぎないように注意しましょう。
5. 曲の構造は、小三部形式です。a・b・aの各部が4小節、合わせて12小節からなります。

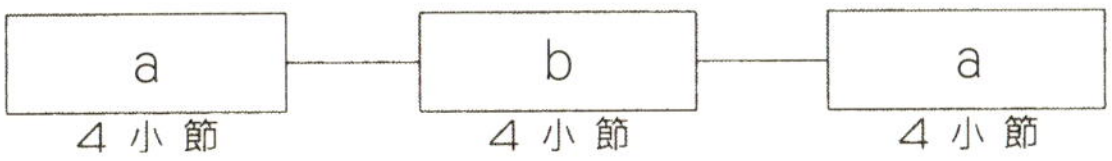

6. ♩＝104　4分音符を1拍として、1分間に104拍打つ速さの意。
   メトロノームを使ってテンポをつかむとよいでしょう。
7. 前奏はaの部分を使うとよいでしょう。
8. 強弱をつけて弾き歌いしましょう。aの部分は***mf***（やや強く）、bの部分は***mp***（やや弱く）にして対照的に表現しましょう。
9. ユニゾン　unison〔英〕“ひとつの音”の意味ですが、＜同音＞＜同度＞などとも訳されます。いくつかの声部、楽器、管弦楽全体などにおいて、同じ音あるいは旋律を奏すること。同じ音高をとる場合と、異なったオクターヴにわたる場合とがあります。unis.と略記されます。

ちょうちょう

スペイン民謡
吉野幸男 編曲

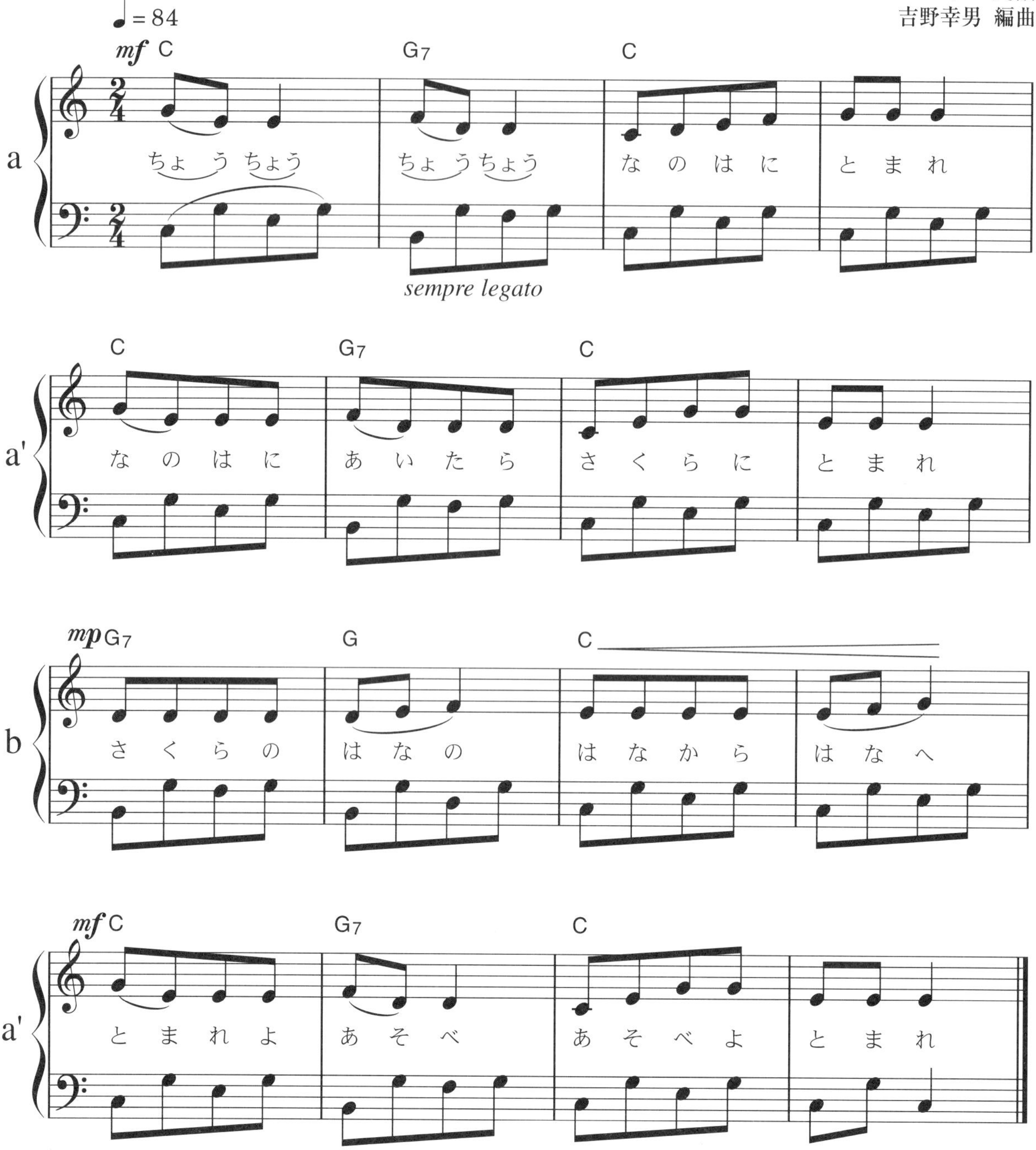

- 前奏は4段目（とまれよ　あそべ……）の4小節を使いましょう。
- sempre legato（センプレ・レガート）「常に・なめらかに」の意。
- この曲のように a 4小節 – a' 4小節 – b 4小節 – a' 4小節 からできている曲を二部形式といいます。

右手C–G7–Cの和音進行と左手バスとの関係

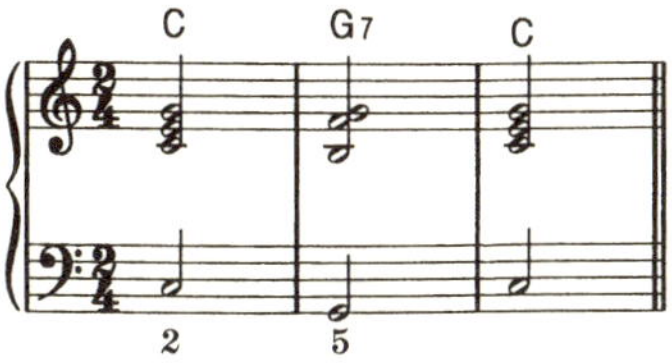

右手パートの空白の小節は、例にならって弾いてみましょう
弾けるようになったら「ちょうちょう」を弾き歌いしましょう

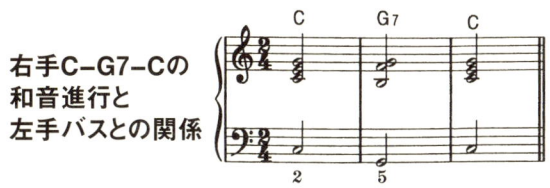

ハ長調の音階

ト長調の音階

使用和音
(コード)

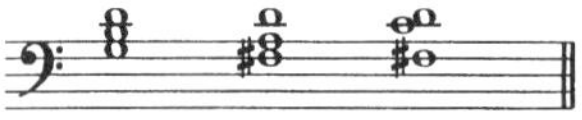

ト長調に調を変えて弾き歌いしてみましょう
また伴奏型を自分なりに工夫してつけてみましょう

ト長調

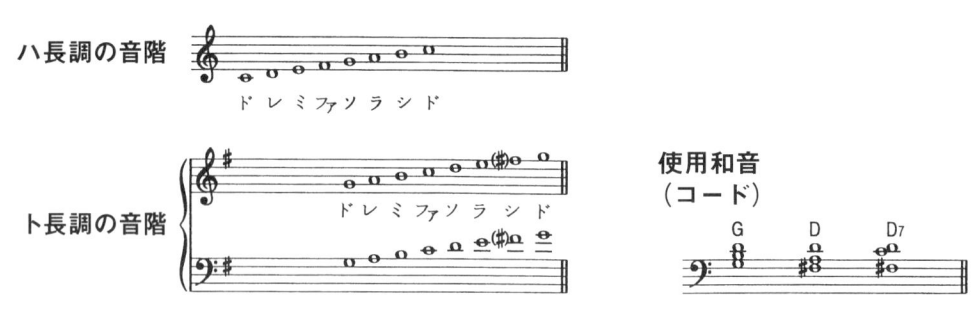

●コードのまとめ

ハ長調、ヘ長調、ト長調のコード

各調のコードを弾いて覚えましょう

ハ長調

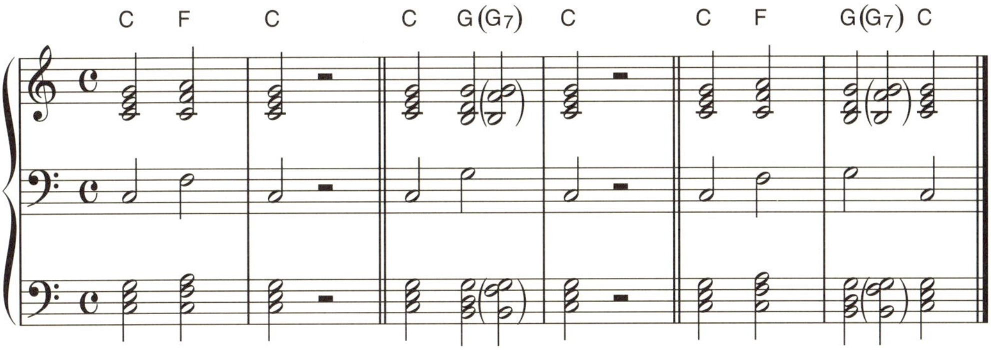

ヘ長調

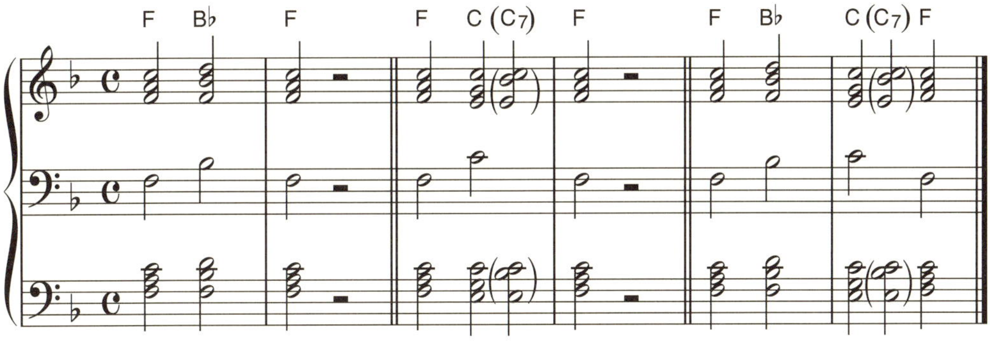

ト長調

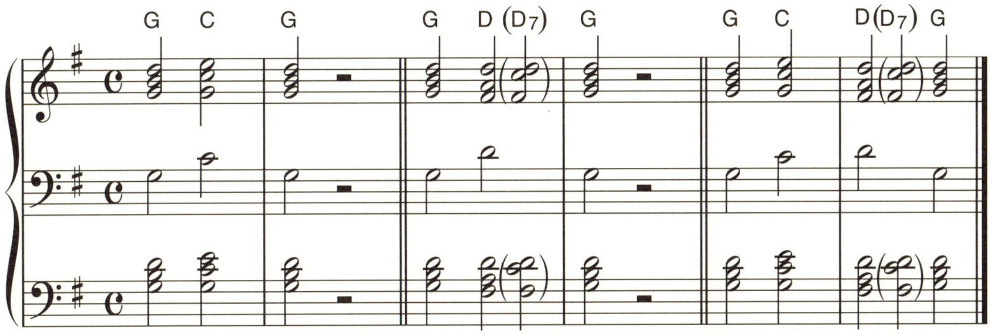

メリーさんのひつじ

高田三九三 訳詞
アメリカ曲
吉野幸男 編曲

Moderato

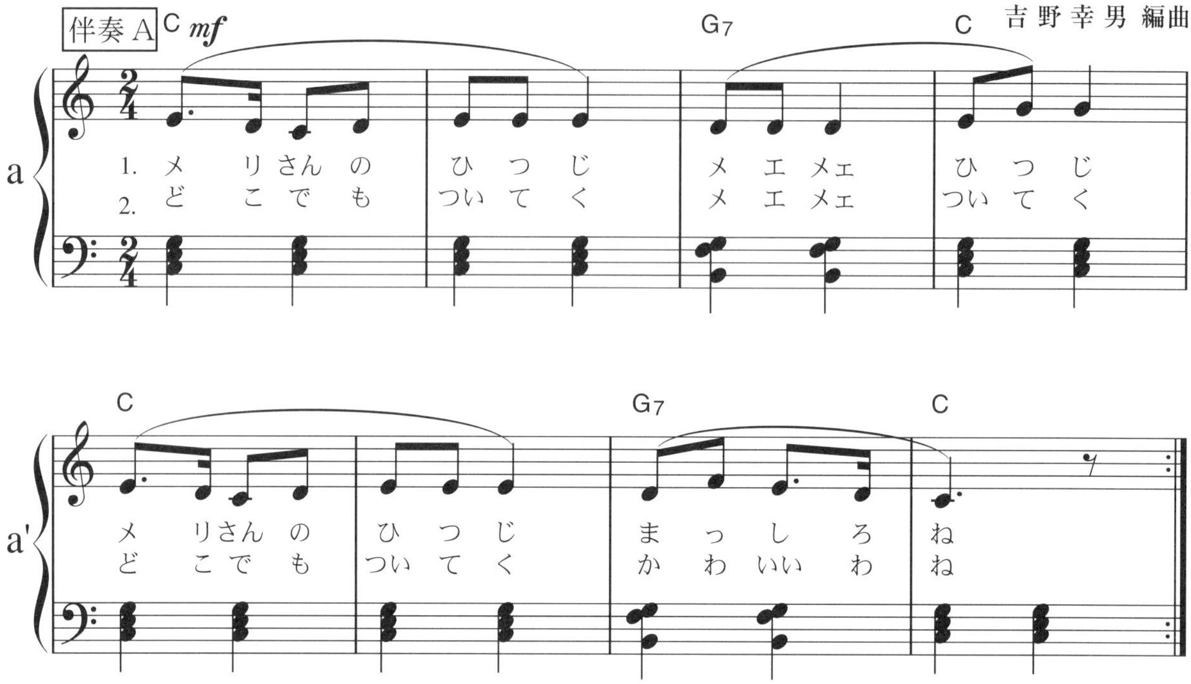
伴奏 A
C mf
G7
C
a
1. メ リさん の ひ つ じ メ エ メェ ひ つ じ
2. ど こ で も つい て く メ エ メェ つい て く
C
G7
C
a'
メ リさん の ひ つ じ ま っ し ろ ね
ど こ で も つい て く か わ いい わ ね

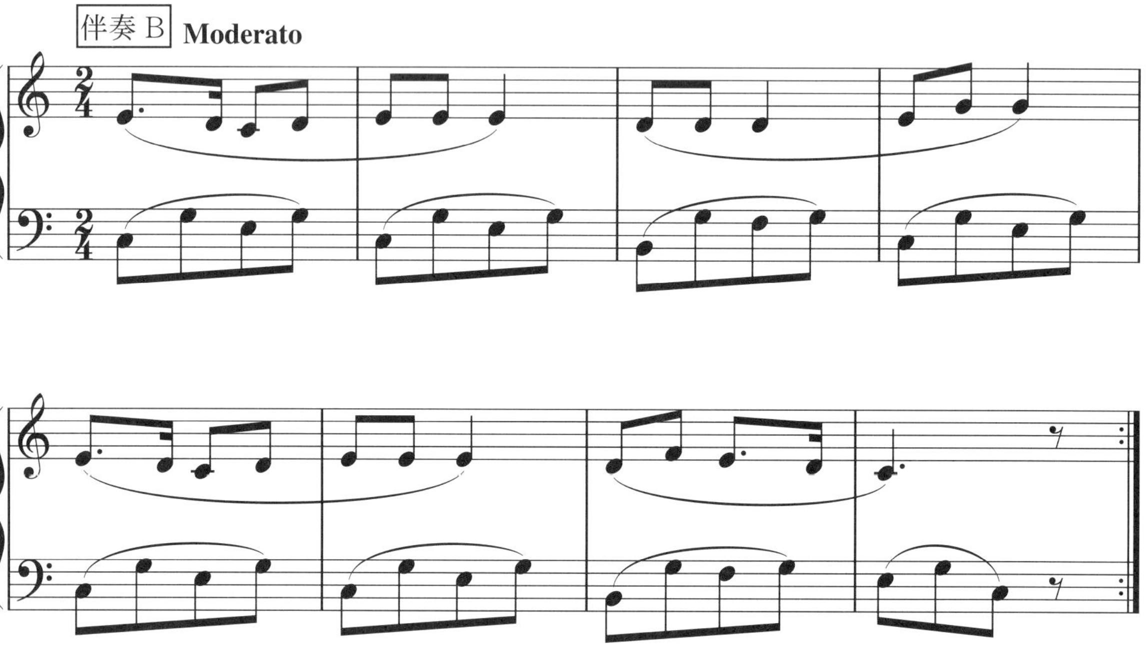
伴奏 B
Moderato

- Moderato（モデラート）「中庸《ちゅうよう》の速度で」の意。
- 前奏は2段目の4小節を使いましょう。
- この曲のように a 4小節 – a'4小節からできている曲を一部形式といいます。

ハ長調の音階とC・G7の和音

ヘ長調の音階とF・C7の和音

ト長調の音階とG・D7の和音

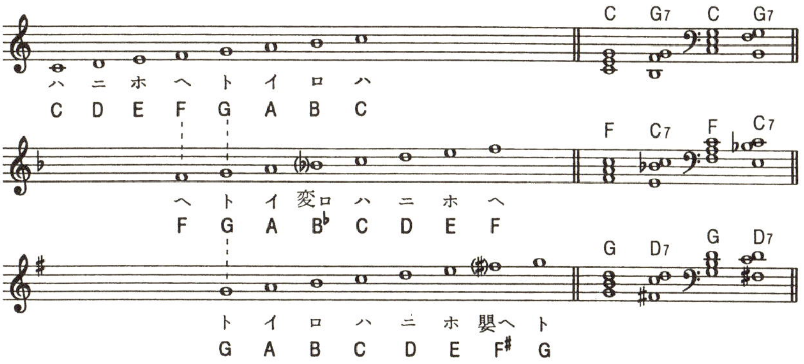

ヘ長調

左のページを参考にして、
ヘ長調の伴奏づけをして弾き歌いしましょう

ト長調

ト長調の伴奏づけをして弾き歌いしましょう

きらきらぼし

武鹿悦子 作詞
フランス曲
吉野幸男 編曲

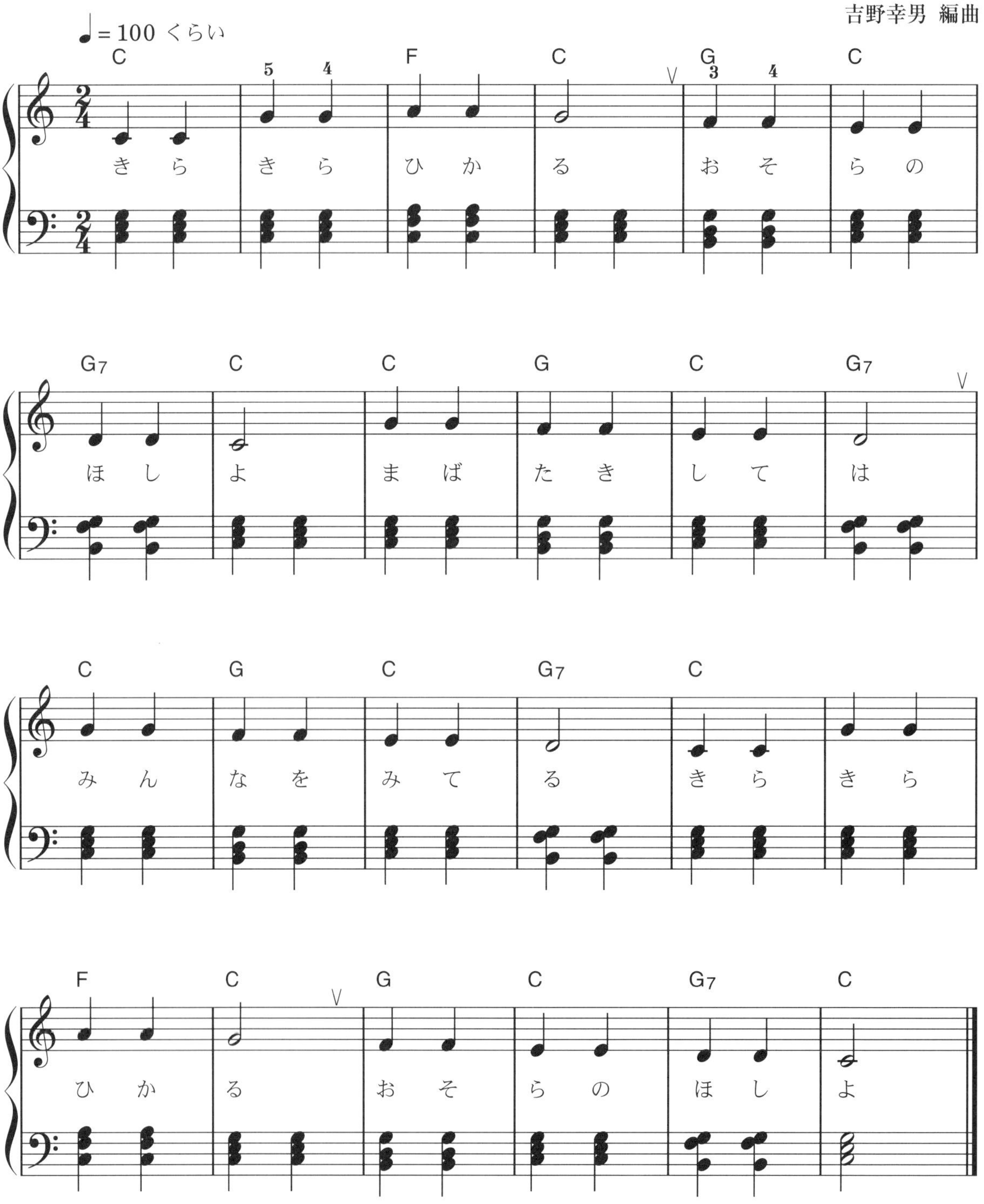

●前奏は最後の4小節（おそらのほしよ）の部分を使いましょう。

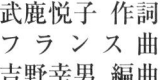

伴奏型

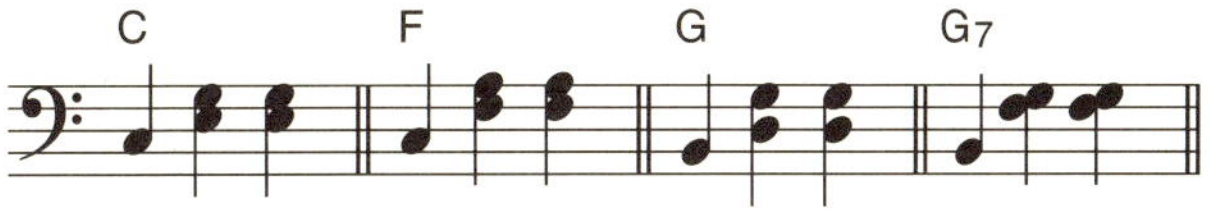

3拍子で弾き歌いをしてみましょう

左手パートの空白の小節は、上の伴奏型にならって弾いてみましょう

1. 「きらきらぼし」を3拍子に変奏して弾いてみましょう。
2. 左のページを参考にして空白のところに伴奏をつけて、3拍子で弾き歌いしましょう。
3. 時には自分の演奏をテープにとって聴きながら体を動かしたり、ステップを踏んでみましょう。
4. ワルツの感じで弾きましょう。

「きらきらぼし」の曲はa，b，aの3つの部分からなっています。

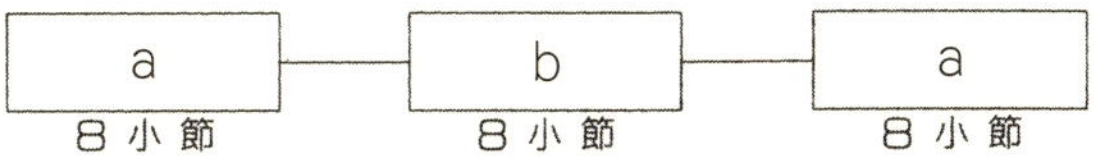

8小節のまとまりを「大楽節」といいます。

大楽節3つからできている曲を3部形式といいます。

伴奏型

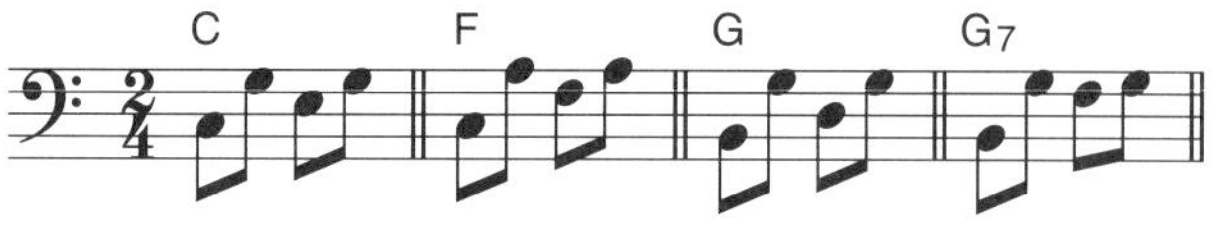

分散和音（アルベルティ・バス）の伴奏で弾いてみましょう

左手パートの空白の小節は、上の伴奏型にならって弾いてみましょう

ハ長調

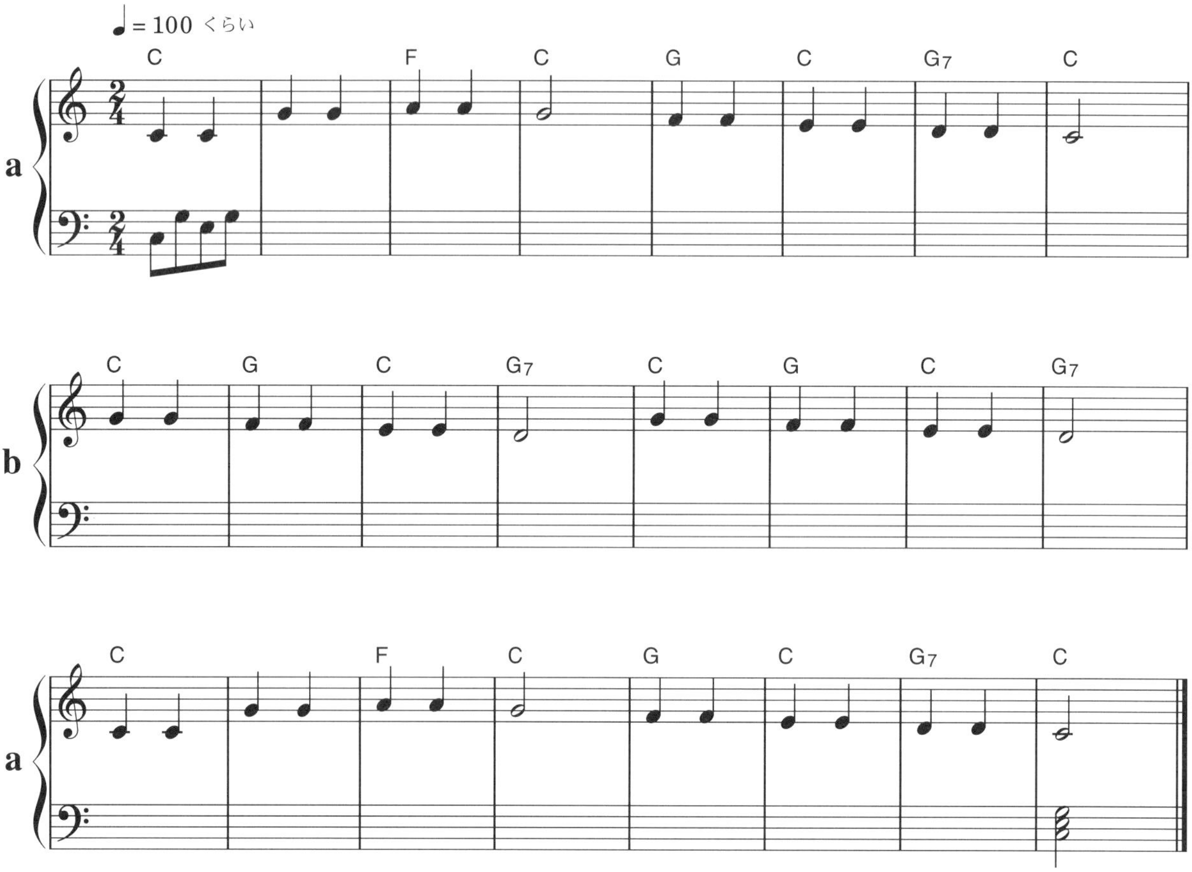

1. 「きらきらぼし」の曲はa，b，aの3つの部分からできています。

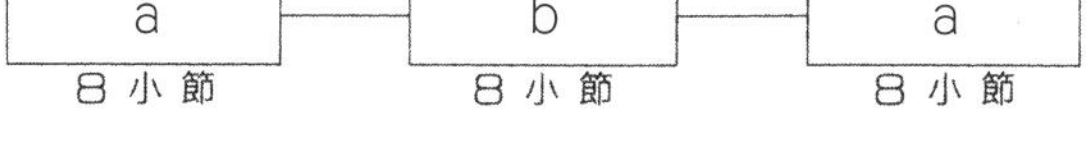

2. このように大楽節3つからできている曲を3部形式の曲といいます。
3. 曲の構造を理解して弾くと覚えやすく、また全体のまとまりがついてきます。

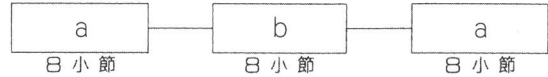

ヘ長調の使用和音（コード）

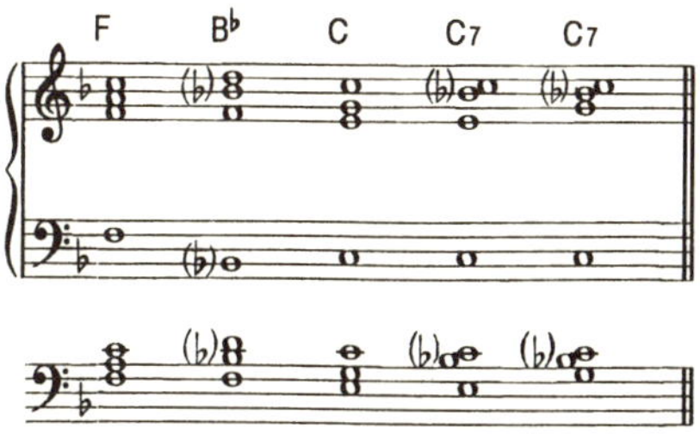

ト長調の使用和音（コード）

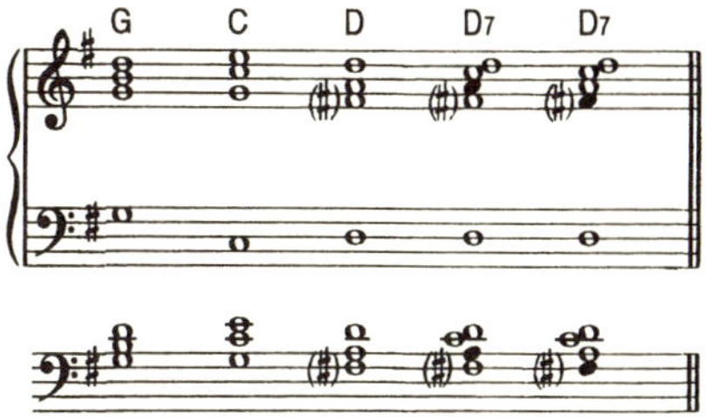

移調して弾いてみましょう

はじめの楽譜を参考にしてみましょう

ヘ長調

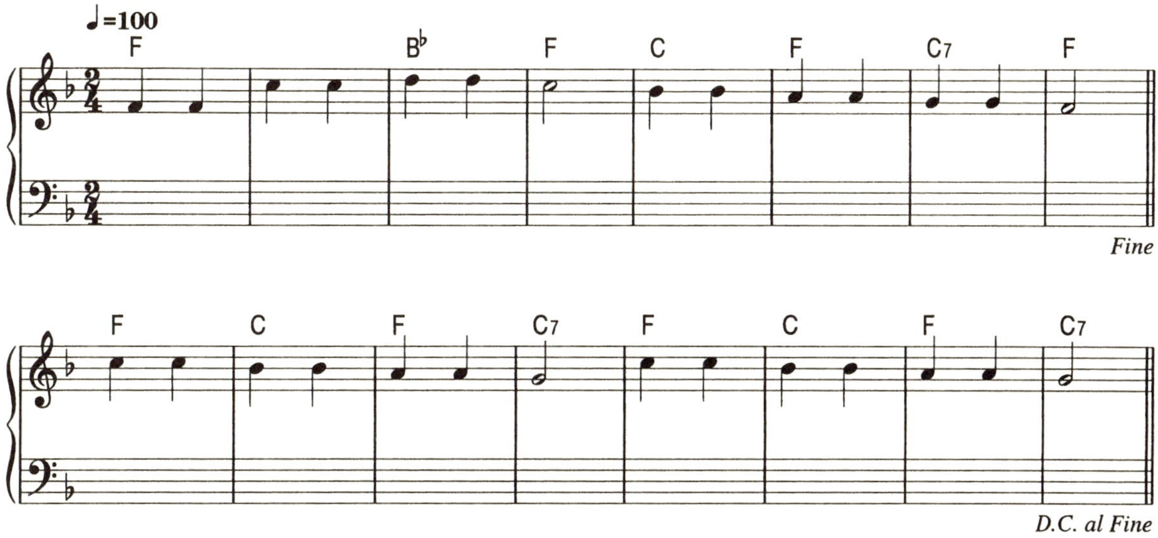

ト長調

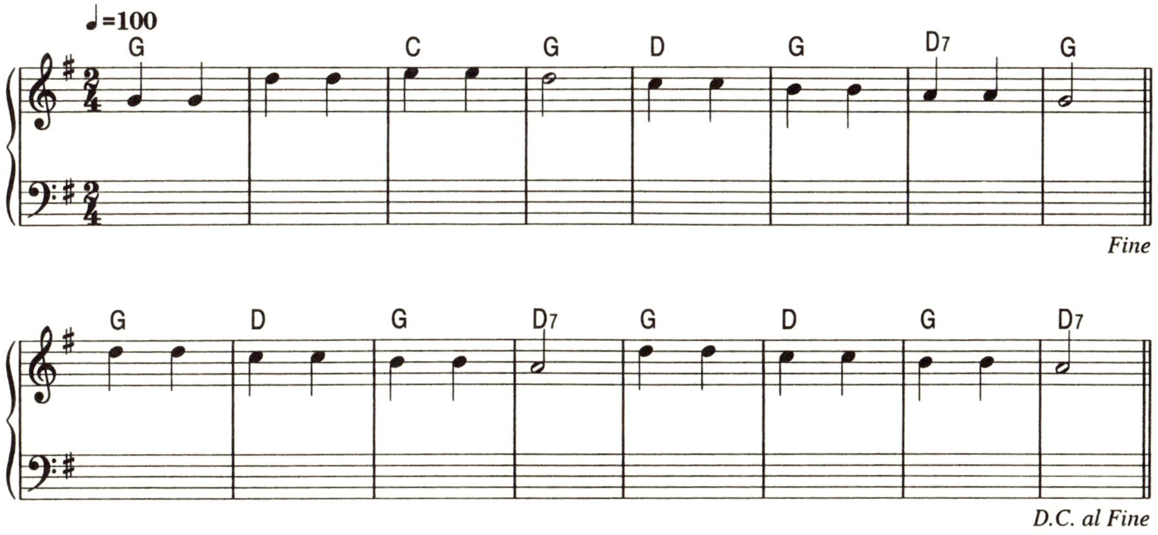

ちゅうりっぷ

近藤美耶子 作詞
井上武士 作曲
吉野幸男 編曲

♩= 76
mf
F C7 F
mp
F C7
さ い た さ い た ちゅう りっ ぷ の は な が
F C7 F
な らん だ な らん だ あ か し ろ き い ろ
mf
F B♭ F C7 F
5 4 2 3
ど の は な み て も き れ い だ な

ハ長調で弾き歌いをしてみましょう
左手和音奏をいろいろなリズムに変奏してみましょう

ハ長調

1. 「ちゅうりっぷのはな」「あかしろきいろ」の歌詞のところに身近にある花の名前や色を入れて替え歌を作ってみましょう。
2. 折り紙や、絵を描いてちゅうりっぷの花をつくり、わりばしにはさんでそれを動かしながら歌ってみましょう。

かたつむり（A）

文部省唱歌
三瓶令子 編曲

かたつむり（B）

文部省唱歌
三瓶令子 編曲

C G7
C G7
1. でんでん むしむし かたつむり
2. でんでん むしむし かたつむり
C G7 C
おまえの あたまは どこにある
おまえの めだまは どこにある
C G7 C
つのだせ やりだせ あたまだせ
つのだせ やりだせ めだまだせ

かたつむり（C）

（ボレロ風に）

文部省唱歌
三瓶令子 編曲

C G7
C G7
1. で んで ん む しむ し か たつ む り
2. で んで ん む しむ し か たつ む り
C G7 C
お まえ の あ たま は ど こに あ る
お まえ の め だま は ど こに あ る
C G7 C
つ の だ せ や り だ せ あ た ま だ せ
つ の だ せ や り だ せ め だ ま だ せ

どんぐりころころ

青木存義 作詞
梁田 貞 作曲
澤田直子 編曲

伴奏 A

♩=60
C G C G
1. どんぐりころころ どんぶりこ
2. どんぐりころころ よろこんで
C F C G C
おいけにはまって さあたいへん どじょうがでてきて
しばらくいっしょに あそんだが やっぱりおやまが
G C F G C
こんにちは ぼっちゃんいっしょに あそびましょう
こいしいと ないてはどじょうを こまらせた

伴奏 B

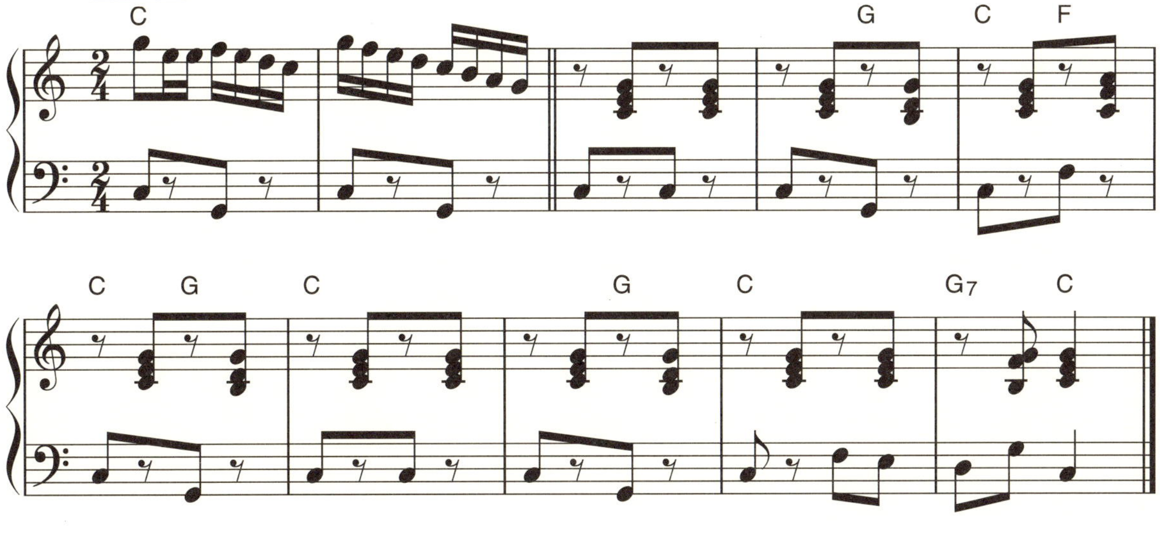
C G C F
C G C G C G7 C

かえるの合唱
（輪　唱）

岡本敏明 作詞
ドイツ民謡
三瓶令子 編曲

伴奏A

C
1 かえるの うたが 2 きこえて くるよ

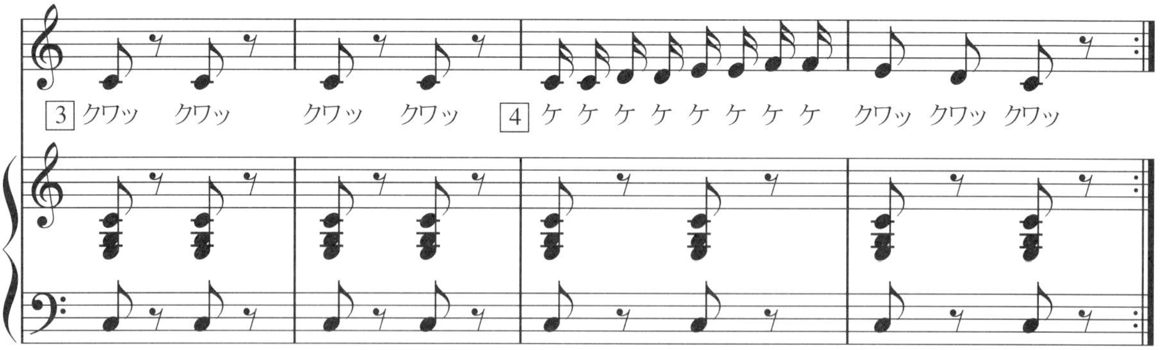
3 クワッ クワッ クワッ クワッ 4 ケ ケ ケ ケ ケ ケ ケ ケ クワッ クワッ クワッ

伴奏B

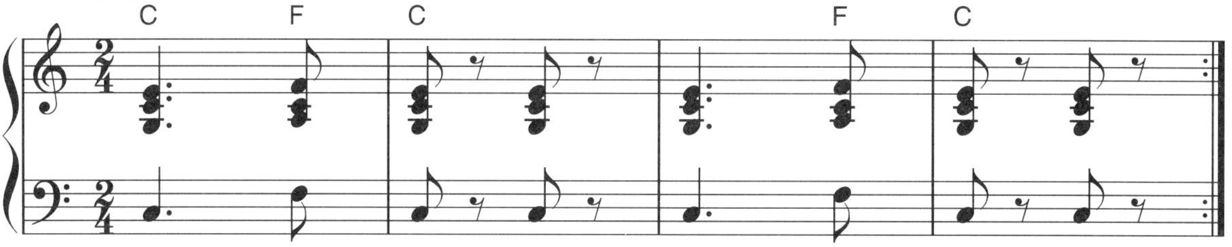
C F C F C

伴奏C

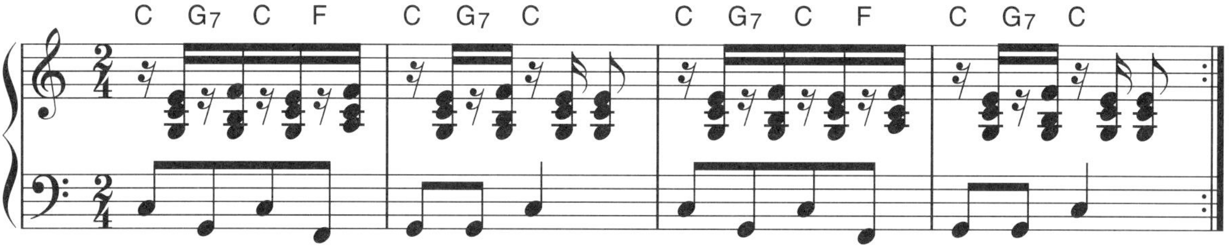
C G7 C F C G7 C C G7 C F C G7 C

●輪唱でもあそんでみましょう。
●歌の代わりにサウンドブロックや木琴で演奏しても楽しいですね。

とんぼのめがね

額賀誠志 作詞
平井康三郎 作曲

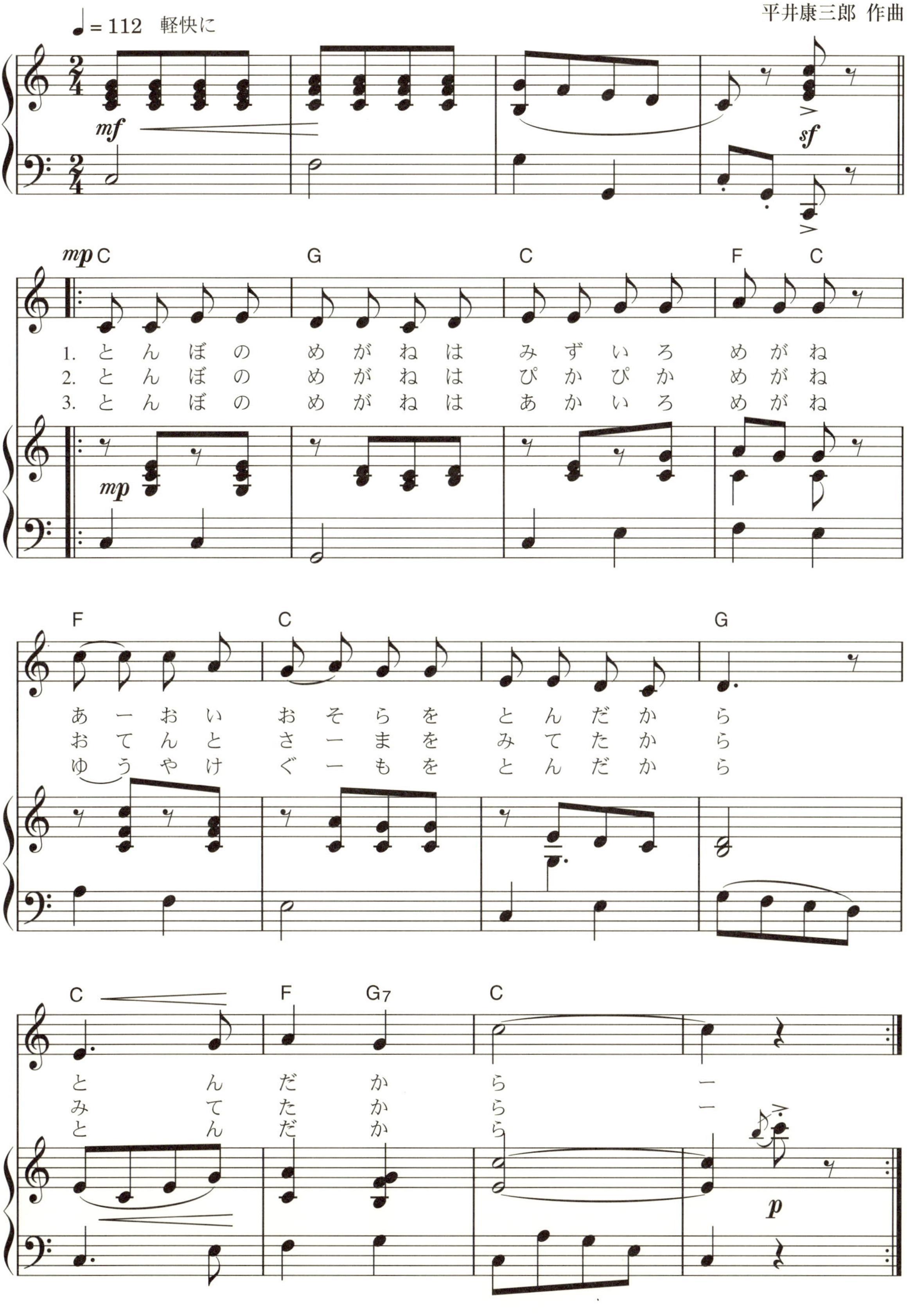
♩= 112 軽快に
mf
sf
mp
C G C F C
1. と ん ぼ の め が ね は み ず い ろ め が ね
2. と ん ぼ の め が ね は ぴ か ぴ か め が ね
3. と ん ぼ の め が ね は あ か い ろ め が ね
mp
F C G
あ ー お い お そ ら を と ん だ か ら
お て ん と さ ー ま を み て た か ら
ゆ う や け ぐ ー も を と ん だ か ら
C F G7 C
と ん だ か ら ー
み て た か ら ー
と ん だ か ら
p

うみ

林　　柳波 作詞
井上武士 作曲
文部省唱歌
くらかけ昭二 編曲

伴奏A

F B♭ F C7
1. う み は ひ ろ い な お お き い な
2. う み は お お な み あ お い な み
3. う み に お ふ ね を う か ば せ て
F Dm B♭ C7 F
つ き が の ぼ る し ひ が し ず む
ゆ れ て ど こ ま で つ づ く や ら
い っ て み た い な よ そ の く に

伴奏B

F B♭ F C7
F Dm B♭ C7 F

伴奏 C

「うみ」について

1.歌詞　単純、素朴でスケールが大きく、夢がふくらみます。

2.伴奏　一部分、Dm（レ・ファ・ラ）を使って、曲のニュアンスを豊かにしました。
A.B.C.三種類の伴奏は弾きやすく作りました。
このまま、1～3番にあてはめて演奏してもよいでしょう。
伴奏形のヴァリエーションの練習にもなります。

3.リズム　ゆったりした3拍子です。波のうねりのような。伴奏は各1拍目に軽いアクセントが来ますが、歌はそれにのってなめらかに流れるようにうたわれると、自然な感じになります。

4.表現　あそびの素材としてもすぐれた曲です。
やさしく、なじみやすい「手話」をつけてうたうと、からだも心もいきいきとして、歌もいい流れになります。
（「手話によるメッセージソング2」伊藤嘉子編著．音楽之友社を参照）

（くらかけ昭二）

しゃぼん玉 (A)

野口雨情 作詞
中山晋平 作曲
吉野幸男 編曲

♩=72 ゆかいに
1.しゃ ぼ ん だ ま　と ん だ　や ね ま で　と ん だ
2.しゃ ぼ ん だ ま　き え た　と ば ず に　き え た
や ね ま で　と ん で　こ わ れ て　き え た
う ま れ て　す ぐ に　こ わ れ て　き え た
か ぜ か ぜ　ふ く な　しゃ ぼ ん だ ま　と ば そ

しゃぼん玉（B）

野口雨情 作詞
中山晋平 作曲
吉野幸男 編曲

♩=72 ゆかいに
D G A7 D A7 D
mf
mf D G D G D
1. しゃ ぼんだ ま と ん だ や ね ま で と ん だ
2. しゃ ぼんだ ま き え た と ば ず に き え た
A G D A7 D
や ね ま で と ん で こ わ れ て き え た
う ま れ て す ぐ に こ わ れ て き え た

f G
D
mf
A7 D
か ぜ か ぜ ふ く な しゃ ぼ ん だ ま と ば そ
f
mf

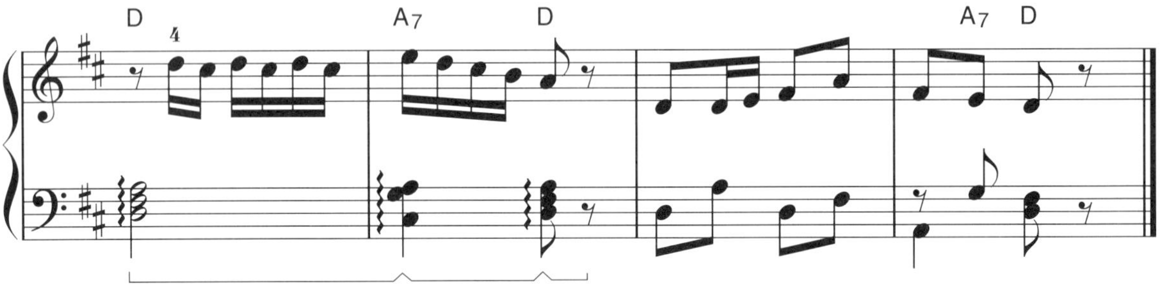

D
4
A7
D
A7 D

練習のアドバイス

- 「かぜかぜふくな」の2小節間の右手伴奏と、歌が終わって後奏の左手2小節間の伴奏はアルペッジョ奏となっていますが、難しければどちらも和音奏で弾いてもかまいません。
- アルペッジョ（arpeggio）：イタリア語。ハープ（Arpa）に由来し、ハープを弾くようにという意。奏法は、和音の各音を低い音から順に高い音へ速かに奏しますが、時には逆に上から順に低い音へ奏することもあります。

記譜
奏法
3

（アルペッジョ）

ハ長調の音階
ド レ ミ ファ ソ ラ シ ド
ニ長調の音階
ド レ ミ ファ ソ ラ シ ド
ニ長調の和音
D·G·A(A7)
D G A A7

水あそび

東　くめ 作詞
滝廉太郎 作曲

●替えうた歌詞　「ともだちたくさんあつまって（みずでっぽうであそびましょう）
ワン・ツー・スリー・フォー　しゅっ　しゅっ　しゅっ」

（愛知県半田市長根幼稚園合唱サークルの作詞）

こいのぼり

近藤宮子 作詞
作者不詳 作曲
くらかけ昭二 編曲

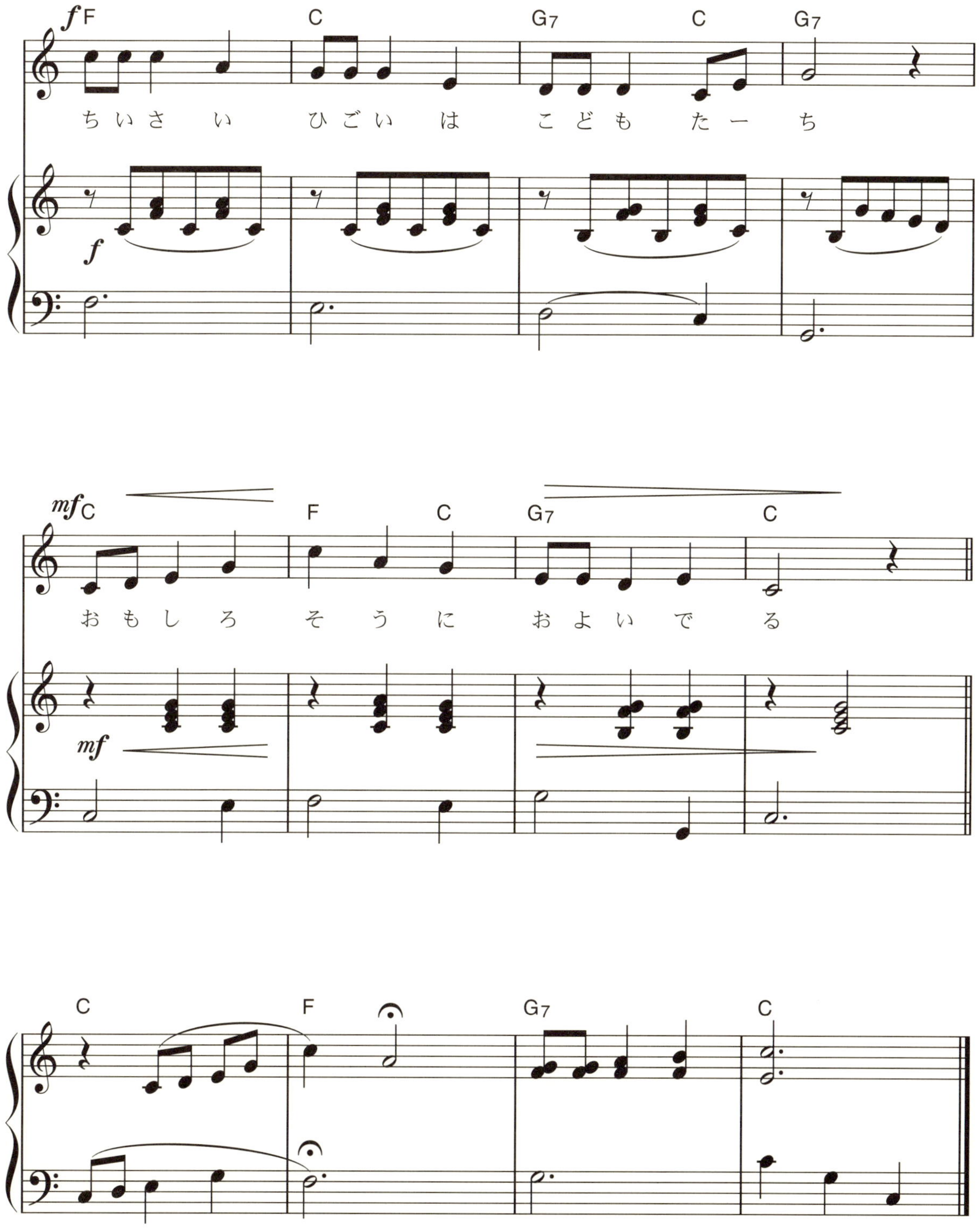

- ハ長調では、ドを主音（しゅおん）、ファを下属音（かぞくおん）、ソを属音（ぞくおん）と呼び、それに従ってCを主和音（しゅわおん）、Fを下属和音（かぞくわおん）、Gを属和音（ぞくわおん）と呼びます。この呼び名は、他の調にも移されます。（13ページ「コードのまとめ」を参照）
- この三つの和音は、楽曲を構成する重要なはたらきを持っていて、主要三和音（しゅようさんわおん）と呼ばれます。

くさいっぽん

まど・みちお 作詞
鈴 木 敏 明 作曲
くらかけ昭二 編曲

伴奏A

C ♩= 116
f
C
F
1. わ たげ の た ねさん ど こへ い く
2. ぎ ざぎ ざ た ねさん ど こへ い く
3. あ まい み た ねさん ど こへ い く
mf
F
G
へ リコ プ タ ーで と んでっ て
う さぎ の せ なか に と びのっ て
ぴ いぴ い こ とり に た べら れ て
cresc.

C
たんぼのむこうにいきついて
やまでいったらとびおりて
はやしにいったらふんにでて
f
F C F G C
そこにめをだすくさいっぽん
そこにめをだすくさいっぽん
そこにめをだすくさいっぽん
mf
D.C.
伴奏B
C ♩=116 G C G C
2/4
f
mf
C C7 F
cresc.
D7 G C Em F

C
G♯dim7
A7
D7
G7
C
mf
D.C.
伴奏 C
C
G
C
G
C
2/4
3
f
mf
C
C7
F
D7
G
C
Em
F
C
f
G♯dim7
A7
D7
G7
1.2. C
3. C
mf
f

アチャ パチャ ノーチャ

ラップランド民謡
相 澤 保 正 編曲

♩= 112～120
C G C G
アチャパチャノ チャ アチャパチャノ チャ エ ベスサ デ ベスサ
C C G7
ドラマサデ セタベラケィ セア バ チャ
G G7 C C
セタベラケィ セア バ チャ アチャパチャノ チャ
G C G C
アチャパチャノ チャ エ ベスサ デ ベスサ ドラマサデ

●フィンランドの猟師の歌。スウェーデンのあそび歌「むっくり熊さん」と同じメロディーです。

ゴリラのうた

上坪マヤ 作詞
峯　　陽 作曲
吉野幸男 編曲

♩＝96～108
B♭ C F C7
1. ゴ リ ラ は エッ ホッ ホ
2. ゴ リ ラ は エッ ホッ ホ
B♭ C F B♭
む ね を た たいて エッ ホッ ホ ア フ リ カ の
バ ナ ナ た べ て エッ ホッ ホ ア フ リ カ の
F B♭ C F
ジャン グル で む ね を た たいて エッ ホッ ホ
ジャン グル で バ ナ ナ た べ て エッ ホッ ホ

ぞうさん

まど・みちお 作詞
團 伊玖磨 作曲

F C F C F C7 F
F C7
1. ぞ う さん ぞ う さん お はなが ながいのね
2. ぞ う さん ぞ う さん だ ーれが すきなーの
F G G7 F
そ う よ かあさんも なが いの よ
あ のね かあさんが すきなの よ

かめの遠足

新沢としひこ 作詞
中川ひろたか 作曲
吉 野 幸 男 編曲

C G7 C
5
1. か め
C F
1
の えん そ く は み っ か まえ か ら
の えん そ く は よ あ け まえ か ら
る ご は ん を バス てい で た べ て
の えん そ く は よ る に なっ て も
C G7
3
リュ ッ ク サッ ク に お か し を つ め る か め
み ん な あつ ま る バ ス てい に む か う お ひ
そろ そ ろ や ま へ む か い ま しょ う か あ し
やま に は と て も と ど か な か っ た あ し
C F
の だい す き な チョ ー コ レー ト は
る に な っ て や っ と つい た ら
るど り か る く くち ぶ え も で る
た が あ る さ ほ し が きれ い だ

C G7 C
ベタ べ タ と け て も うた べら れ ない
みん な と バ ス は も うい なか っ た
や ま に つい た ら な にを しよ う か
か め は ね む る や まを ゆめ み て
F C
3
のん び りい こ う のん び りい こ う
G7 C
い そい でい く と す ぐお わる だ ろう
F C
3
のん び りい こ う のん び りい こ う
G7
1~3 C
4. C
ゆっ く りい け ば ま だま だつ づ く
2. か め
3. お ひ
4. か め
く

さんぽ

中川李枝子 作詞
久石　　譲 作曲
吉用　愛子 編曲

はずんで

Fm C G7
さかみちー トンネルー くさっぱら
みつばちー ぶんぶんー はなばたけ
きつねもー たぬきもー でておいで
C Am Em F
ー いっぽんばしに ー でこぼ
ー ひなたにとかげ ー へびはし
ー たんけんしよう ー はやし
D7 G7 C
こじゃりみ ち くものすくぐーって
ひる ね ばったがとんーで
のおくま で ともだちたくーさん
Em F G7 C
ー くだりみち
ー まがりみち
ー うれしいな

とけいのうた

筒井敬介 作詞
村上太朗 作曲
松原靖子 編曲

♩= 120
G7
mp
C
F
1. コ チ コ チカッ チン
2. コ チ コ チカッ チン
mf
mp
C G C
C F
G7 C
お と け い さん
お と け い さん
コ チ コ チカッ チン
コ チ コ チカッ チン
う ご い て る
う ご い て る
mf G7
C
こ どもの はりと
こ どもが ぴょこり
お となの はりと
お となが ぴょこり
mf

p C F C mp F G7 C
こんにちは さようなら コチコチカッチン さようなら
こんにちは さようなら コチコチカッチン さようなら
p
mp

＜参考曲＞

時計の歌

溝上日出夫 作詞
作曲

F C7 F C7
ボーン ボーン カチカチ カチカチ チクタクチクタクチクタクチクタク ボーン ボーン
F Dm C7 F Dm C7
いつもやすまず うごいてるとけい いつもやすまず おとがする
F C7 F C7 F
チクタクチクタクチクタクチクタク カチ カチ カチ カチ ボーン ボーン ボーン

うちゅうせんのうた

ともろぎゆきお 作詞
峯　陽 作曲
高御堂愛子 編曲

♩= 112
C
う ちゅう せん に
C
simile
G7
C
のっ て げ ん き にゆ こ う
C
G7
ぼ くら はこ ど も の う ちゅう のたん け ん

※**グリッサンド**（glissand） 高さの違う2音間を急速に弾く場合に、指の背をもちいて、ピアノの鍵盤の上行・下行を音階状に滑らせるように演奏すること。

アイアイ

相田裕美 作詞
宇野誠一郎 作曲
くらかけ昭二 編曲

C C♯dim G7 C
アーイ アイ （アーイアイ）
Dm G7 C G7
アーイ アイ （アーイアイ）
おさ るさーんだ よ
おさ るさーんだ ね
C Dm7 G7
アーイ アイ （アーイアイ）
アーイ アイ （アーイアイ）
みな みのしまー
きの はのおうー
C F Fm C Cm
の
ち
アイ アイ （アイアイ）
アイ アイ （アイアイ）

「アイアイ」aye-aye

南の島――マダガスカル島に住む珍しいサル。頭から尻までの胴体と、シッポの長さが、どちらも40センチぐらいなので、「シッポの長い猿」という印象が強い。島の多雨林に住んでいて、一匹だけで暮らす。夜行性で、“アイアイ”というふうに聞こえる鳴き声で、自分の存在を知らせ、お互いにぶつからないようにしているという。

- 一見タヌキのような顔とからだをしていて、体の毛もシッポの毛も黒褐色で長く、シッポは太く見える。
- 顔だけが白っぽい。
- 手や足の指が長く、指猿ともいわれる。たべものは、くだものや昆虫の幼虫。ネズミと同じに門歯が一生のびつづける。

（くらかけ昭二）

森のくまさん

馬場祥弘 作詞
アメリカ民謡
澤田直子 編曲

Allegro 明るく、楽しく
C
F
F♯dim
C
1. あ る 一
ひ
の
が
ん
さん
G7
C
G7
もり の な か くま さ ん に
いう こ と にゃ おじょ う さ ん
くま さ ん が あ と か ら
おま ち な さい ちょ 一 っ と
あり が と う お れ い に

C G7 C
で あ っ た はな さ く も り
おに げ な さい スタ コ ラ サッ サッ
つい て く る トコ ト コ トッ コ
おと し も の し ろ い か い
うた い ま しょう ラ ラ ラ ラ ラ
F F♯dim7 G7
の み ち くま さ ん に で
サ の サト スタ コ ラ サッ サッ
トッ コ ト トコ ト コ トッ コ
が ら の ちい さ な イ ヤ
ラ ラ ラ ラ ラ ラ ラ ラ
C to ⊕
あ っ た
サ の サト 2. くま さ ん
トッ コ ト 3. と こ ろ
リ ン グ 4. おじょ う さ
ラ ラ ラ 5. あら く ま
⊕ Coda
C

山の音楽家

水田詩仙 訳詞
ドイツ民謡
平松昌子 編曲

F C7 F C7
f
p
mf
F C7 F F C7 F
mf
1. わ たしゃおんがくかや
たしゃおんがくかや
たしゃおんがくかや
F C7 F C7 F
まのこりす じょうずにヴァイオリンひ
まのことり じょうずにフルートふ
まのたぬき じょうずにたいこをたた

F C7 F C7
いてみましょう　キュキュ キュッ〃 〃 キュキュ キュッ〃 〃 キュキュ
いてみましょう　ピピ ピピピピピ ピピピピピ
いてみましょう　ポコ ポンポンポン ポコ ポンポンポン ポコ
F C7 F C7 F Fine
キュッ〃 〃 キュキュ キュッ〃 〃 いかーがです　2. わ
ピピピピピ ピピピ いかーがです　3. わ
ポンポンポン ポコ ポンポンポン いかーがです

替え歌あそび

子どもたちは動物の物まねごっこが大好きです。そこで、子どもたちが知っている動物の物まねごっこから導入し、この「山の音楽家」をテーマにして、替え歌あそびをしてみましょう。

「じょうずに＊＊＊ひいてみましょう」のところは、楽器でなく“歌う”ことにしてもいいと思います。

また、「犬はワンワン」とか「ネコはニャーニャー」と鳴くことばかりにとらわれず、子どもたちがまねしたいような、いろいろな声であそびを広げていくこともいいと思います。例えば、うさぎ、パンダ、コアラ、小熊、キリン……、ランランラン、などと歌います。

わたしゃおんがくか　やまの　うさぎ
じょうずに　おうたをうたいましょう
ララ　ランランラン　ララ　ランランラン
ララ　ランランラン　ララ　ランランラン　いかがです

以上のように、下線の部分を替えて歌ってみましょう。（伊藤嘉子）

にんげんっていいな

山口あかり 作詞
小林亜星 作曲
伊藤嘉子 編曲

♩=120
G7
G
C
Bm
Em
1.くまのこみていた かくれんぼ おしりをだしたこ
2.もぐらがみていた うんどうかい びりっこげんきだ
Am
D7
G
G7
C
いっとうしょう ゆうやけこやけで またあした
G
D7
G
B7
Em
またあした いいな

Bm
いいな
C
にん げんって
Bm Em
いいな
C
おいしいおやつに
みんなでなかよく
G
ほかほかごはん
ポチャポチャおふろ
A7
こどものかえりを
あったかいふとんで
D7
まってるだろな
ねむるんだろな
G Bm
ぼくもかえろ
C C♯dim
おうちにかえろ
G/D
でんでんでんぐりかえって
to Φ
1. G C G
バイバイバイ
G

- **分散和音**（ぶんさんわおん）

この曲の左手に見られるように、和音を分散して弾く形を「分散和音」と呼びます。バイエルに出てくる<ド・ソ・ミ・ソ>などの形も同じで、この左手の伴奏型を「アルベルティ・バス」と呼びます。
和音をまとめて弾くのとちがった効果があります。

- **借用和音**（しゃくようわおん）

「にんげんっていいな」の曲中には、G7、Cm、B7、A7、C#dimなどの変化記号を伴った和音が使われています。本来、この曲（ト長調）の音階にない音を使った和音は、他の調の和音を一時的に「借りて」くると考えられるので、「借用和音」と呼ばれています。
借用和音は、曲の流れに変化を与え、響きを豊かにします。

とんでったバナナ

片岡　輝 作詞
桜井　順 作曲
澤田直子 編曲

♩≒132
D7
G7
C
f
mp
G7
1. バナ ナが いっ ぽん あり まし た
2. こと りが いち わ おり まし た
3. き みは いっ たい だれ なの さ
4. ワ ニが いっ ぴき おり まし た
5. ワ ニと バナ ナが おど りま す
6. おふ ねが いっ そう うか んで た
G7
C
C7
F
あ おい みな みの そら のし た こど も が ふた りで
や しの こか げの すの なか で おそ ら を みあ げた
こと りが バナ ナを つつ きま す こ れ は たい へん
し ろい しぶ きの すな はま で おど り を おど って
ポン コツ ツル リン ポン ツル リ あん ま りちょう しに
お ひげ はや した せん ちょう さん グー グ ー おひ るね

Em D7 G7
とりやっこ バナナはツルンと とんでった バナ
そのときに バナナがツルンと とびこんだ はね
いちだいじ バナナがツルンと にげだした たべ
おりますと バナナがツルンと とんできた おひ
のりすぎて バナナはツルンと とんでった バナナ
いいきもち おくちをポカンと あけてたら バナナ
C G7 C
1.2.3.4.
ナはどこへ いったかな
もないのに ふんわりこ
られちゃうなんて やなこったた
さまにこにこ いいてんき
ナはどこへ いったかな
ナがスポンと とびこんだ
バナナンバナナン
1.2.3.4.
Dm7/G C
バナァナ

5.G7
C
F
C
Dm7/G
C
モグモグモグモク　たべちゃった　　たべちゃった　たべちゃった
5.

手提げ袋のステージ

- 歌詞の内容からたのしい音楽活動を考えてみましょう。
- 子どもたちの夢がひろがるように、身近にあるさまざまなものを使ってたのしい教材を作り発表しましょう。
- ここに紹介したのは、手提げ袋のステージですが、このほかにもいろいろアイデアを出してみましょう。

用意するもの

デパートなどの手提げ袋（紙袋）×1枚
色紙×適宜
厚画用紙×1枚
割り箸×適宜
布製ガムテープ、糊、セロテープ×少々
はさみ
カラーペン

作り方

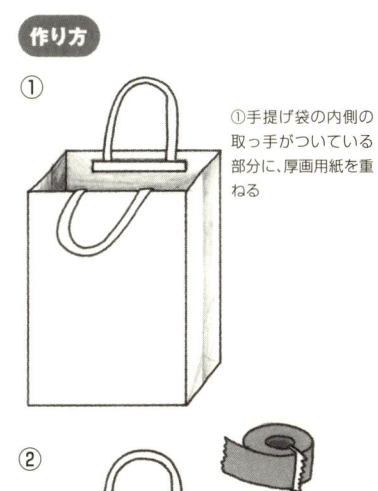

①

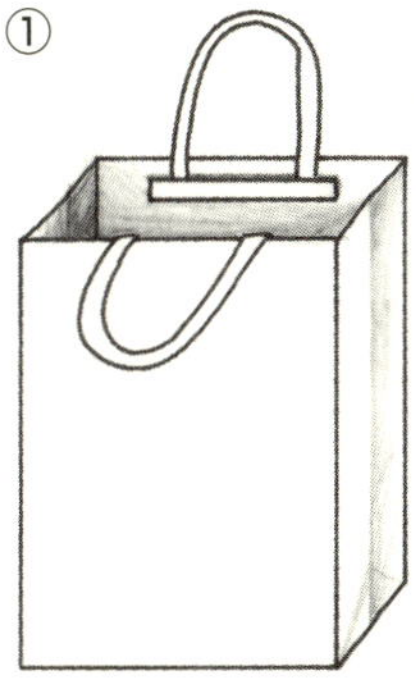

①手提げ袋の内側の取っ手がついている部分に、厚画用紙を重ねる

②

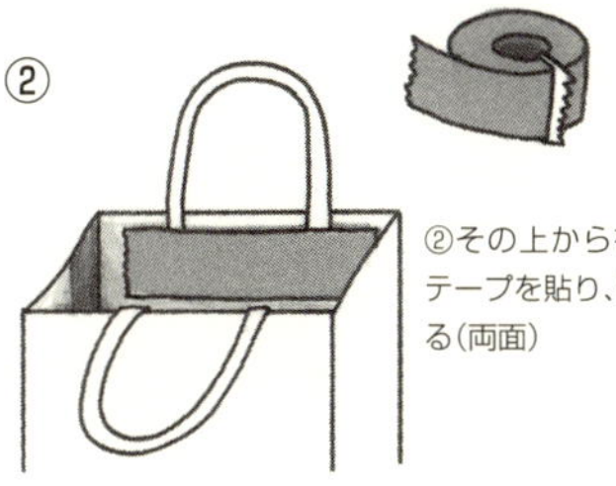

②その上から布ガムテープを貼り、強化する（両面）

③

③左右５cmくらいずつ残し、布ガムテープの上からカッターで切りこみを入れる

④

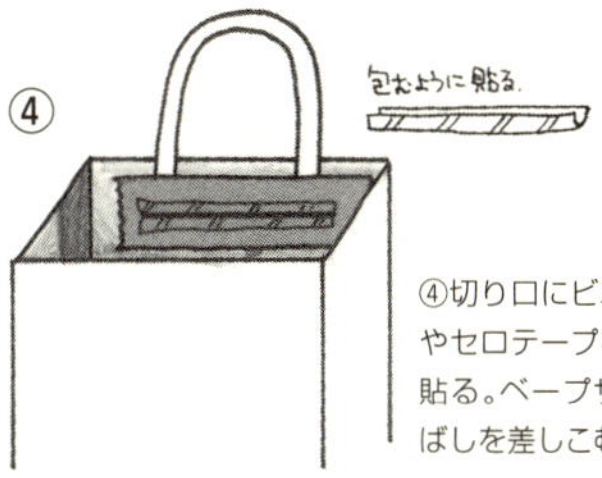
包むように貼る.

④切り口にビニールテープやセロテープを包むように貼る。ベープサートの割りばしを差しこむ場所になる

⑤

⑤ステージになるように、色紙を貼ったり絵を描いて、紙袋に背景を描く

⑥

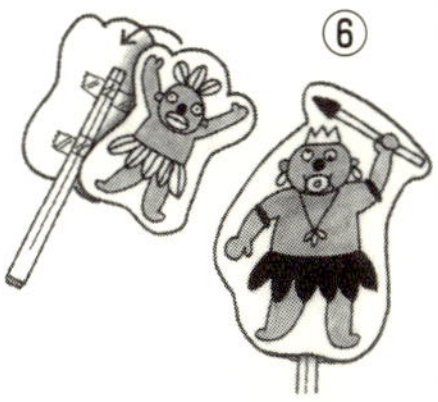

⑥物語や歌詞に出てくる登場人物を画用紙や折り紙で作り、割りばしにセロテープで貼る。裏側に別の表情を貼りつけても面白い。
さあ、みんなおいで〜、ステージで歌って踊ろう。

伊藤嘉子著『作って表現―とっておき20の実践』より（音楽之友社刊）

ホ！ ホ！ ホ！

伊藤アキラ 作詞
越部信義 作曲
伊藤嘉子 編曲

Bm
ユー レユー レユー レユー レ
ホ ホ ホ ホ
ユー レユー レユー レユー レ
Em
D
C♯7
かえーって くるよー あのメロ
かえーって くるよー あのほほ
どこかで だれかがー きーいー
A7
ディーがー
えみがー
ているー
D
ホ ホ ホ ホ
ユー レユー レユー レユー レ
Bm
ホ ホ ホ ホ
ユー レユー レユー レユー レ
Em
よんでみ
よんでみ
よんでみ
Bdim7
D
G7
ようよー あおぞらにー
ようよー そのなまえー
ようよー あすのそらー
1.2.
D
3.
D

バスごっこ

香山美子 作詞
湯山　昭 作曲
吉野幸男 編曲

♩= 138 くらい　たのしく、ゆかいに
mf F
F
f
mf
sempre stacc.
1.~3. おおがたバスに
のってます
1. きっぷをじゅんに　わたしてね
2. いろんなとこが　みえるので
3. だんだんみちが　わるいので
F C7 F
f C7 mp F f C7
おとなりへ　ハイ　おとなりへ　ハイ　おとなりへ　ハイ
よこむいた　ア　うえむいた　ア　したむいた　ア
ごっ𝄾つんこ　ドン　ごっ𝄾つんこ　ドン　ごっ𝄾つんこ　ドン

mp F
mf Gm
F
おとなりへ　ハイ　おわりの　ひとは
うしろむいた　ア　うしろの　ひとは
ごっつんこ　ドン　おしくら　まんじゅう
mp
mf
C7
f
F
ポケットに！
ねーむった！
ギュッギュッ　ギュウ！
f
1.2. F
3. C7 F
ff
mp

おおきい木

まど・みちお 作詞
金光 威和雄 作曲
くらかけ昭二 編曲

♩= 112

1. ちいさなたねからめをだして
2. あめのひかぜのひがんばって
3. ひゃくねんせんねんここにいて
（2番の歌詞※では、このF音は歌わない）
こんなにおおきくなったのか
おおきいきおおきいきおおきいき

ff
B♭ F B♭ G
じゅうにんで かかえても まだてが とどかない
しずかに たっている むらじゅう みおろして
まだまだ のびてゆく てんにも とどくまで
F C7 F
1.2.
B♭
とどかない
みおろして
とどくまで
f
F C7 F
3.
B♭
G
F C7 F
poco rit.

きのこ

まど・みちお 作詞
くらかけ昭二 作曲
(2011年7月 新訂)

♩=108 ぐらい。はずんで。
D♭M7
8va
C7
f
F
mf
(歌)
1.〜2.
き き きのこ き き きのこ
Gm
(旋律部分で音が重なるところは，高い音が旋律です)
1. ノ コ ノ コ ノ コ ノ コ あるいたり しない
2. ニョ キ ニョ キ ニョ キ ニョ キ うでなんか ださない
F
き き きのこ き き きのこ

C7
F
ノ コ ノ コ　あ る い た り　し な い け　ど
ニョ キ ニョ キ　う で な ん か　だ さ な い　が
Dm
Gm
Dm
ぎ ん の　あ め あ め　ふっ た ら　ば
C7
この部分，歌の音程はだいたいで良い
せ い が　の び て く　る る る る　る る る る
か さ が　お お き く　な る な る　な る な る
F
Gm
f
い き て る　い き て る　い き て る
F
C7
F
い き て る　き の　こ は　い き て る　ん だ ね

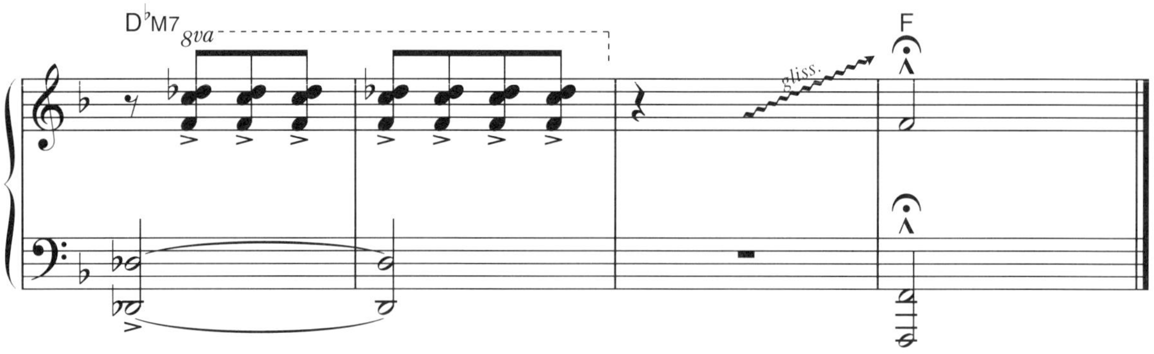

手話で遊ぼう「きのこ」

1番

1. き き きのこ
き き きのこ

右手を上に向けて、その上に左手の甲をかぶせる。

2. ノコノコ
ノコノコ

1.の表現のままリズムに合わせて自由に歩く。

3. あるいたりしない

ピタッと止まる。

4. き き きのこ
き き きのこ

1.と同じ表現をする。

5. ノコノコ

2.と同じ表現をする。

6. あるいたり
しないけど

3.と同じ表現をする。

7. ぎんのあめあめ
ふったらば

両手のひらを下に向け、肩のあたりで上下に振る。

8. せいがのびてく
るるるるるるるる

両手の指先を肩にあて、ゆっくり上にあげていく。

**9.　いきてるいきてる
いきてるいきてる**

両手をげんこつにして、
ひじを左右に振る。

10.　きのこは　いきてるんだね

1.の表現をしてから**9.**の
表現をする。

2番

**11.　き　き　きのこ
き　き　きのこ**

1.と同じ表現をする。

**12.　ニョキニョキ
ニョキニョキ**

両手のひらを外に向け、体
の横からそれぞれリズムに
合わせて伸ばしていく。

**13.　うでなんか
ださない**

ピタッと止まると同
時に両腕を組む。

**14.　き き きのこ
き き きのこ**

1.と同じ表現
をする。

**15.　ニョキニョキ
ニョキニョキ**

12.と同じ表現をする。

**16.　うでなんか
ださないが**

13.と同じ表現
をする。

**17.　ぎんのあめあめ
ふったらば**

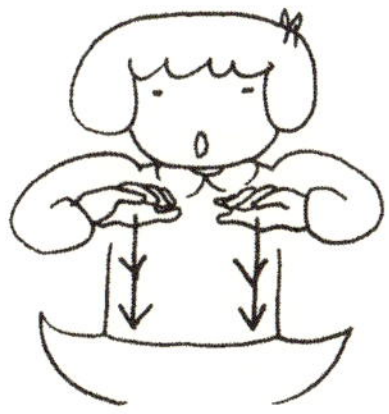

7.と同じ表現をする。

**18.　かさがおおきく
なるなるなるなる**

両手で頭の上に三角形をつ
くり、きのこのかさを表現
し、左右に広げていく。

**19.　いきてるいきてる
いきてるいきてる
きのこはいきてる
んだね**

9.からは同じ表現をする。

伊藤嘉子著『手話でうたおう 子どもの歌』より（音楽之友社刊）

わらべうた

日本各地にはさまざまな「わらべうた」がたくさんあります。そして、わらべうたには、遊び方によって次のようなさまざまな種類があります。となえうた、絵かきうた、おはじき、石けりうた、お手玉・羽根つきうた、お手合わせうた、手まりうた、なわとびうた、じゃんけんうた、身体あそびうた、鬼あそびうた、子守うた、年中行事のうたなど。

掲載したこれらの「もちつきうた」は、お手合わせうたです。大きくなくともよく届く声で、日本語を美しく唱えながら、お互いの呼吸やリズムをよくを感じながら遊びましょう。　（三瓶令子）

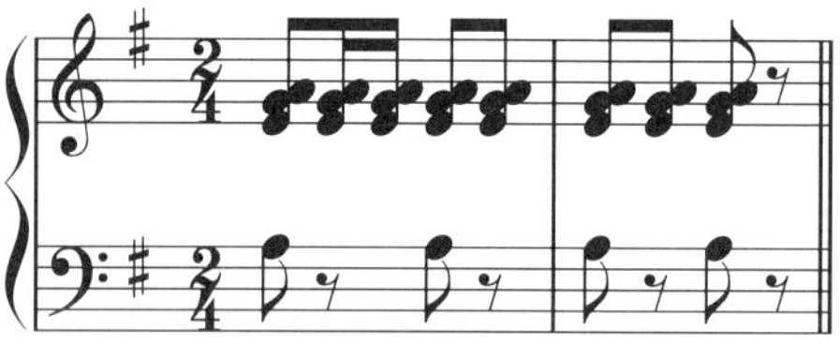

（わらべうたに共通したリズム伴奏譜）

三月三日のもちつき（飛騨地方）

2

三　月	三日の	もちつき	はペッ	タン𝄽	𝄽ペッ	タン𝄽	𝄽ペッ
タンペッ	タンペッ	タン𝄽	𝄽こね	て𝄽	𝄽こね	て𝄽	𝄽こね
て こね	て こね	て𝄽	𝄽きっ	て𝄽	𝄽きっ	て𝄽	𝄽きっ
て きっ	て きっ	て𝄽	（𝄼）				
パーン	パンパン	パンパン	パン𝄽	パーン	パンパン	パンパン	パン𝄽
パンパン	パン𝄽	パンパン	パン𝄽	パンパン	パンパン	パンパン	パン𝄽

七五三のもちつき（関西地方）

2

七　五	三　の	もちつき	は𝄽	トンテン	トン𝄽	トンテン	トン𝄽
トンテン	トンテン	トンテン	トン𝄽	𝄽こね	て𝄽	𝄽こね	て𝄽
𝄽こね	𝄽こね	𝄽こね	て𝄽	トーン	トーン	トンテケ	トン𝄽
トーン	トーン	トンテケ	トン𝄽	トンテケ	トンテケ	トンテケ	トン𝄽

十五夜さんのもちつき

わらべうた

じゅうごやさん の　もちつきは　トーン　トーン　トッテッ　タ
トーン　トーン　トッテッ　タ　トッ　テ　トッ　テ　トッテッ　タ
おっ　こ　ね　た　おっ　こ　ね　た　おっ　こ　ねおっ　こ　ね　おっ　こ　ね　た
トッ　ツ　イ　タ　トッ　ツ　イ　タ　トッ　ツイ　トッ　ツイ　トッ　ツイ　タ
シャーン　シャーン　シャン　シャン　シャン　シャーン　シャーン
シャン　シャン　シャン　トッ　テ　トッ　テ　トッ　テッ　タ

ごんべいさんのもちつき

福島県のわらべうた
三瓶令子　採譜

ごんべいさんの　も　ち　つ　き　ペッタンコ　ペッタンコ　ペッタンペッタン
ペッ　タン　コ　もち　こ　ね　て　もち　こ　ね　て　もち　こ　ねもち　こ　ね
もち　こ　ね　て　ターン　ターン　タン　タン　タン　ターン　ターン
タンタンタン　タンタンタン　タンタンタン　タンタンタンタン　タンタンタン
まる めて ポイ　まる めて ポイ　まる めて まる めて　まる めて ポイ

一ねんせいになったら

まど・みちお 作詞
山本直純 作曲
藤本逸子 編曲

Allegretto ♩= 112
F　Dm　F　Dm　Gm7　C7　F
f
F　Dm　Gm7　C7　F　Dm
いちねんせいになったら　いちねんせいに
Gm7　C7　F　Dm　Gm7　C7　F
なったら　ともだちひゃくにん　できるかな

F Dm Gm7 C7 F Dm
ひゃーくにんーで 1. たべたいな ふじさんのうえで
2. かけたいな にっぽんじゅうを
3. わらいたい せかーいじゅうを
Gm7 C7 F Dm Gm7 C7 F F Dm
おにぎりを ぱっくんぱっくん ぱっくんと
ひとまわり どっしんどっしん どっしんと
ふるわせて わっははわっはは わっはっは
Gm7 C7 F Gm7 C7 F B♭
1.2.
3.
rit.

せんせいと おともだち

吉岡　治 作詞
越部信義 作曲

♩= 126
C
Dm G7
C
1.~3. せん せい と
G7
おともだち
せん せい と
C
おともだち
C C7 F G7 C
1. あ くしゅ を し よ う ギュ ギュ ギュ
2. あ い さ つ し よ う お は よう
3. に らめっ こ し よ う メッ メッ メッ

めだかのがっこう

茶木　滋 作詞
中田喜直 作曲

♩= 108 明るく、げんきに、美しく
D A D G D G Bm G D
mp mp_mf p mp pp
1. め だ か の がっ こ う は
2. め だ か の がっ こ う の
3. め だ か の がっ こ う は
か わ の な か
め だ か た ち
う れ し そ う
そ っ と の ぞ い て
だ れ が せ い と か
み ず に な が れ て
み て ご ら ん
せ ん せ い か
つ ― いつい
そ っ と の ぞ い て
だ れ が せ い と か
み ず に な が れ て
み て ご ら ん
せ ん せ い か
つ ― いつい

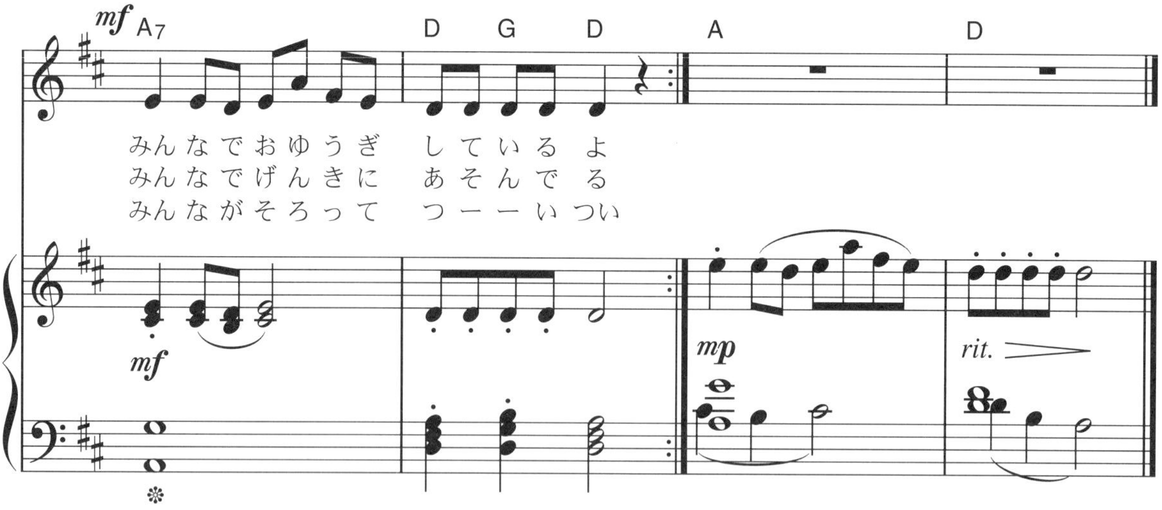
mf
A7
D G D
A
D
みんなでおゆうぎ　しているよ
みんなでげんきに　あそんでる
みんながそろって　つーーいつい
mf
mp
rit.

うれしいひなまつり

サトウハチロー 作詞
河村光陽 作曲

♩=80 典雅にあまり遅くなく
G
Cm
G
mf
Cm
Fm
Cm G Cm
mp
Cm
Fm
Cm Fm
G
1. あかりを　つけましょ　ぼんぼり　に
2. おだいり　さーまと　おひなさ　ま
3. きーんの　びょうぶに　うつるひ　を
mp

Cm G Cm
おはなを あげましょ ものは な
ふーたり ならんで すましが お
かすかに ゆーする はるのか ぜ
mf Cm G Fm G
ごーにん ばやーしの ふえたい こ
およめに いらーした ねえさま に
すーこし しろーざけ めされた か
mf
mp
mp Cm Fm Cm G Cm
きょーうは たのしい ひなまつ り
よくにた かんじょの しろいか お
あーかい おかおの うだいじ ん

●おだいりさま——雛壇《ひなだん》最上段に並ぶ天皇、皇后を模した男雛《おびな》、女雛《めびな》のこと。ひな祭りは、身のけがれや災いを人形に託して川に流すという古代中国の風習が起源です。江戸時代に公家の正装を模した今のような形になったと言われています。

たなばたさま

権藤花代
林　柳波　作詞
下総皖一　作曲
くらかけ昭二　編曲

♩= 126
F C F G F
C F
mf
1. さ さ の は
2. ご し き の
mf
F Dm
さ ら さ ら の き ば に ゆ れ
た ん ざ く わ た し が か い

C7 F F7 B♭
る お ほ し さ ま き ら き ら
た お ほ し さ ま き ら き ら

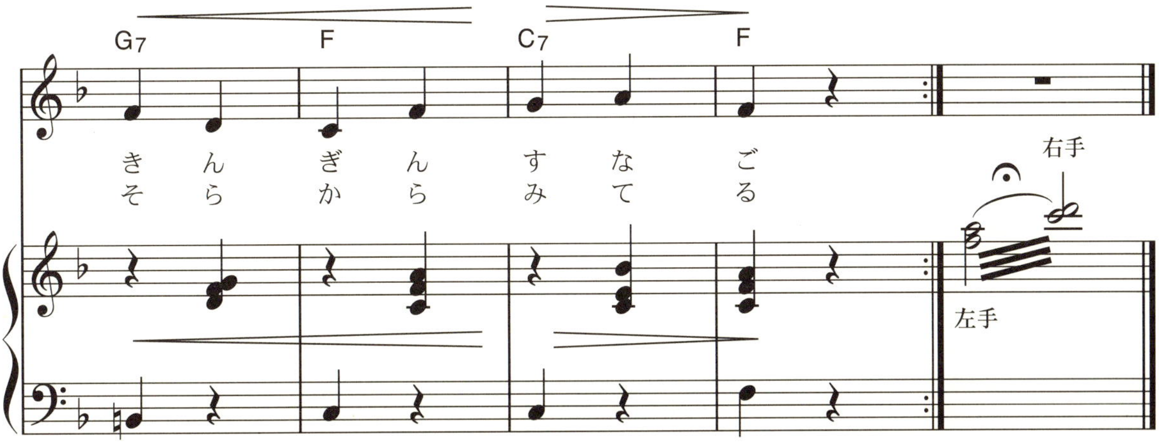
G7 F C7 F
き ん ぎ ん す な ご
そ ら か ら み て る
右手
左手

下のような分散和音の伴奏も考えてみましょう

ヴァリエーション 1

ヴァリエーション 2

あんたがたどこさ

熊本地方のわらべうた
くらかけ昭二 編曲

いきいきと
simile
あん た が た ど こ さ ひ ご さ ひ ご ど こ さ
く ま も と さ く ま も と ど こ さ せん ば さ
せ ん ば や ま に は た ぬ き が おっ て さ

それ を りょ うし が て っぽう で うっ てさ
に てさ やい てさ くっ てさ それ を
こ のは で ちょい とか く す

- ピアノの黒鍵は、陽旋法の「５音音階」を形づくっています。
- 「あんたがたどこさ」は、歌の音域と合うので、この５音音階を利用しました。伴奏の右手は、手のひら、またはげんこつで、書かれた音のあたりを適当に押さえれば、それらしい音になります。これも５音音階の特徴のひとつです。

あさやけ ゆうやけ

まど・みちお 作詞
くらかけ昭二 作曲

𝅗𝅥＝66 いきいきと
Dm
G7
mp
f
Ped.
C
C
mp
C
G7
1. あ さ や け が お ま つ り し て る お ひ さ ま が の ぼ る か ら
2. ゆ う や け が お ま つ り し て る お ひ さ ま が し ず む か ら
mp
C
cresc.
Am
F
Dm
す て き な きょう の は じ ま り だ か ら
す て き な きょう の お し ま い だ か ら
mp cresc.

G7
f
C
F
ー ララ ラ ララ ラ ララ ラ ララ
ー ララ ラ ララ ラ ララ ラ ララ
f
ラ ララ ラ ララ ラ ララ
ラ ララ ラ ララ ラ ララ
Ped.
Ped.
Ped.
C
Dm
cresc.
G7
ラ おひさまーいらっ
ラ おひさまーさよう
ラ
ラ
cresc.
Ped.
Ped.
Ped.
※
f
C
しゃ い
な ら
f

夕やけこやけ

中村雨紅 作詞
草川 信 作曲

♩=84 楽しげに
C
mf
1. ゆ う や け
2. こ ど も が
p
mf
con 8va
G7 C
こ や け で ひ が く れ て や ま の
か え っ た あ と か ら は ま る い
F C G7 C f F
お て ら の か ね が な る お 一 て て
お お き な お つ き さ ま こ と り が
f

C
mf
つ な い で み な か え ろう か ら す と
ゆ め を ー み る こ ろ は そ ら に は
mf
Dm
rit.
C
G7
C
F
い ーっ しょ に か え り ま しょう
き ら き ら き ん の ほ し
rit.
p
C
con 8va

ワンポイント手話

●「夕やけこやけ」の歌に合わせて、ワンポイント手話をやってみましょう。

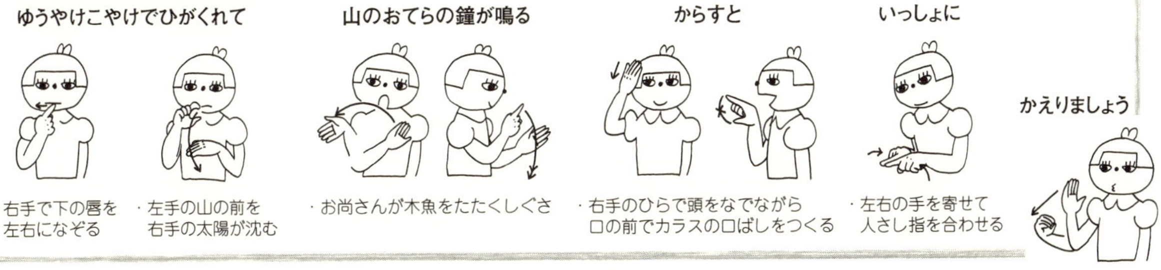
ゆうやけこやけでひがくれて
山のおてらの鐘が鳴る
からすと
いっしょに
かえりましょう

・右手で下の唇を左右になぞる

・左手の山の前を右手の太陽が沈む

・お尚さんが木魚をたたくしぐさ

・右手のひらで頭をなでながら口の前でカラスの口ばしをつくる

・左右の手を寄せて人さし指を合わせる

おもいでのアルバム

増子とし 作詞
本多鉄磨 作曲
松原靖子 編曲

Andante
C G7 C
mf
C F C
1. い つ の こ と だ か
2. は る の こ と で す
3. な つ の こ と で す
4. あ き の こ と で す
5. ふ ゆ の こ と で す
6. ふ ゆ の こ と で す
7. い ち ね ん じゅ う を
お も い だ し て ご ら ん
G7 C G7 C
あんなこと こんなこと あっ た で しょう ー

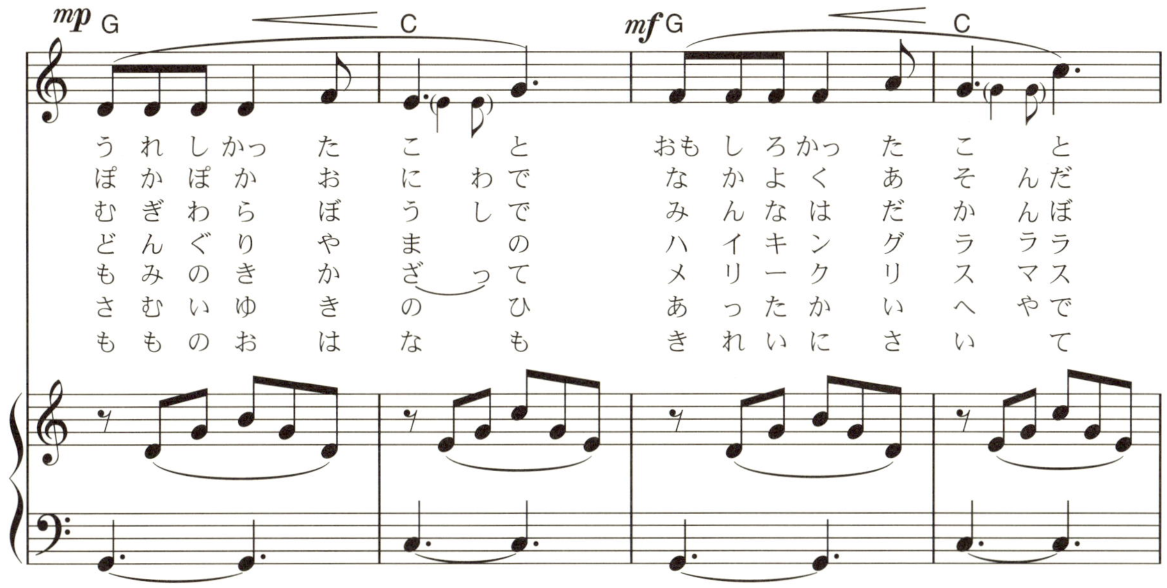
mp G
C
mf G
C
うれしかったこと おもしろかったこと
ぽかぽかおにわで なかよくあそんだ
むぎわらぼうしで みんなはだかんぼ
どんぐりやまの ハイキングラララ
もみのきかざって メリークリスマス
さむいゆきのひ あったかいへやで
もものおはなも きれいにさいて

f G
G#dim7
F
C
mp G7
C
いつになーっても わーすれないー
きれいなはなも さーいていたー
おふねもみたよ すーなやまもー
あかいはーっぱも とーんでいたー
サンタのおじいさん わーらーってるー
たのしいはなし きーきましたー
もうすぐみんなは いーちねんせいー

G#dim7 ハ長調のシ・レ・ファという和音は、シとレ、レとファがどちらも短３度の音程で、「減三和音」と呼ばれます。この和音に、さらに短３度下のG#を加えると、#ソ・シ・レ・ファという、短３度ばかりの４つの音の和音ができます。これは「減七の和音」と呼ばれ、コード・ネームはG#dim7と書かれます。

- 弾いて、曲の流れの中で減七の和音の効果をたしかめましょう。

みんなともだち

中川ひろたか 作詞
作曲
くらかけ昭二 編曲

はずんで
G7
C7
みんな
1
F
F♯dim7
Em
A7
ともだちー ずっとずっと ともだちー がっこう
おとなに
D7
G7
1.C
C7
いってもー ずっとともだ ちイエー みんな
なっても ずっとともだ
1.

2.
C
G7
2
C
ち
1. みんないっしょにー
2. みんないっしょにー
C7
A7
Dm
うたをうたった　みんないっしょに
プールであそんだ　みんないっしょに
G7
C
ー　えーをーかーいた　みんないっしょに
ー　ロボットをつくった　みんないっしょに

C7
A7
ー おさんぽをした
ー かけっこをした
Dm
G7
みんないっしょにー
おおきくなっ
C7
3
F
F♯dim7
たみんな
ともだちー
ずっとずっと

〔演奏順〕 ‖: 1 :‖ → 2 → ‖: 1 :‖ → 2 → ‖: 3 :‖ → 𝄋 → Coda

ありがとう・さようなら

井出隆夫 作詞
福田和禾子 作曲
伊藤嘉子 編曲

♩. = 86
E♭
mp
1. あ
E♭ A♭ B♭7 E♭
りがとうさ ようなら ともだ ちー
りがとうさ ようなら きょうし つー
りがとうさ ようなら せんせ いー
E♭ A♭ B♭7 E♭
ひとつずつの えがお はずむーこ えー
はしるように すぎた たのしーい ひー
しかられたこ とさえ あたたーか いー
A♭ E♭ B♭7 E♭
なつのひざし にーも ふゆのそらの したでも
おもいでーの きずが のこるあーの つくえに
あたらしーい かぜに ゆめのつばさ ひろげて

A♭ E♭ F F7
みんなまーぶしーくかがやいーて
だれかこーんどーはすわるんーだ
ひとりひーとりーがとびたつーと
B♭ B♭7 E♭ B♭ E♭
たーーありがとうささ
ろうーーありがとうささ
きーーありがとうささ
A♭ B♭7 to Φ 1. E♭
ようならともだちーー 2.あ
ようならきょうし
ようならせんせ
2. E♭
つーー

Gm
A♭
F7
B♭7
E♭
3. あ
D.S.
Coda
E♭
A♭
い ー ー あ り が とう さ よう な ら
B♭7
E♭
A♭
み ん な み ん な ー あ り が とう さ よう な ら
B♭
E♭
E♭aug
E♭
み ー ん な
rit.

E♭aug ♭ミ・ソ・シの和音は、♭ミとソの音程が長３度、ソとシの音程も長３度で、「増三和音」と呼ばれる特殊な和音です。ユニークな味わいをもった和音です。

空より高く

新沢としひこ 作詞
中川ひろたか 作曲
伊藤嘉子 編曲

♩= 100
F
B♭
F
mf
1. ひとは
F
C
F
そらよりたかいこころをもって
うみよりふかいこころをもって
B♭
F
C
いるー どんな そらよりたかいこころ
いるー どんな うみよりふかいこころ
C7
F
F
もう だめだなん
もう いやだなん
もう だめだなん
をもってい るだから ル
をもってい るだから

て あ き ら め な い ー で
て せ を む け な い ー で
て あ き ら め な い ー で
C F B♭
ル ル ー
な み だ を ふ い て う た っ て
み つ め て ご ら ん し ん じ て
な み だ を ふ い て う た っ て
F C C7
ル ル な み だ を ふ い て ー ご ら
ル ル み つ め て ご ら ん ー ご ら
ご ら
F F C
ん き み の こ こ ろ よ た ー
ん き み の こ こ ろ よ ふ ー
ん き み の こ こ ろ よ ひ
F B♭ F
か く な れ そ ら よ り た
か く な れ う み よ り ふ
ろ く な れ そ ら よ り ひ

to Coda
1.
C Bb C7 F
か ー く た ー か ー く な れ
か ー く ふ ー か ー く な
ろ ー く ひ ろ ー く な
2.
F
2. ひとは れ
Bb F C
f
C7 F
mf
3. だから
D.S.
Coda
F Bb F
れ き み ーのこ
C F Bb F
こ ろよつ よ ーく な れ う み よりつ

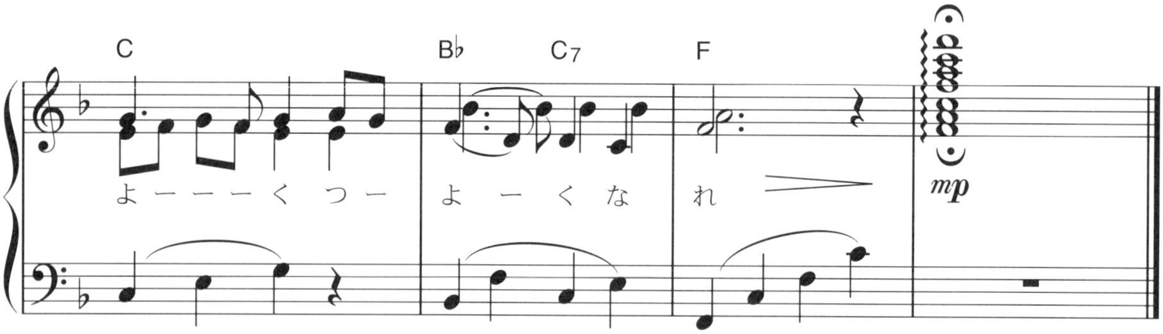
C
B♭
C7
F
よ ー ー ー く つ ー
よ ー く な
れ
mp

にじ

新沢としひこ 作詞
中川ひろたか 作曲

やさしい気持ちで
G
D7
G
D7
C
G
A7
D7
(リコーダー)

G
D7
Em
Bm
C
G
1. に わ の シャ ベ ル が ー い ち に ち ぬ れ て ー あ め が あ が っ て ー
2. せ ん た く も の が ー い ち に ち ぬ れ て ー か ぜ に ふ か れ て ー
3. あ の こ の え ん そ く ー い ち に ち の び て ー な み だ か わ い て ー

A7 D7 G D7 Em Bm
くしゃみ をひとつー くもが ながれてー ひかり がさしてー
C G D7 G D7
み あげ てみ れ ばー ラ ラ ラ に じが にじが ー
Em Bm C G
そ らに かかってー き みの きみの ー

A7 D7 G D7
き ぶん もはれてー きっ と あしたはー
Em Bm C G A7 D7 G
い い てんきー きっとあしたは いいてん き
G D7 G D7 G

- **コードネーム「C6」**
- 「おもちゃのチャチャチャ」にはC6のコードがしきりに出てきます。
- コードネーム「C6」とは、メジャーコードCに根音から長6度上に当たる音を加えるという意味です。つまり、根音Cの上にできた長三和音（根音から長3度上の音と完全5度上の音で構成される和音）ド・ミ・ソに、さらに根音ドの長6度上の音ラを加えた＜ド・ミ・ソ・ラ＞の4つの音で構成される和音のことをいいます。

おもちゃのチャチャチャ

野坂昭如 作詞
越部信義 作曲
那須一彦 編曲

Cha Cha Cha
C6
G7
C6
G7
おもちゃのチャチャチャ おもちゃのチャチャチャ
C
C
C6
チャチャチャ おもちゃの チャ チャ チャ
1. そらにキラキラ
2. なまりのへいたい
3. とんぼみたいな
4. きょうはおもちゃの
5. そらにさよなら

G7
(手拍子)
おほしさま みんなすやすや ねむるころ
トテチテタ ラッパならして こんばんは
ヘリコプター ぐんとはやいな ジェットきは
おまつりだ みんなたのしく うたいましょ
おほしさま まどにおひさま てらすころ
F
Em
Am
G7
おもちゃははこを とびだして おどるおもちゃの
フランスにんぎょう すてきでしょ はなのドレスで
サイレンならせば はっしゃです うちゅうロケット
こひつじメエメエ こねこはニャー こぶたブースカ
おもちゃはかえる おもちゃばこ そしてねむるよ
to
C
C6
G7
チャ チャ チャ おもちゃのチャチャチャ おもちゃのチャチャチャ

C
チャチャチャ おもちゃの チャ チャ チャ
C6
8va
* option
G7
(8va)
D.S.
Coda
C6
おもちゃのチャチャチャ
G7
おもちゃのチャチャチャ
チャチャチャ おもちゃの
1.
C
チャ チャ チャ
2.
G7
チャ チャ
C
チャ
チャチャチャ
1.
2.

●間奏は適宜入れる。

大きな古時計

保富康午 作詞
ワーク 作曲
松原靖子 編曲

G D G Am G D
G mf G D7 G Am
1. お おきなのっぽの ふるどけい おじ
んでもしってる ふるどけい おじ
よなかに ベル が一なった おじ
mf
G D7 G G D7
いさんの とけい 一 ひゃく ねん いつも うご
いさんの とけい 一 きれい なはな よめ
いさんの とけい 一 おわ かれのと きが

G Am G D7 G
いていたごじまんのとけいさーおじ
やってきたそのひもうごいてたーうれ
きたのをみなにおしえたのさーてん
Em D7 G G Em
いさんのうまれたあさにかってきたとけい
しいこともかなしいこともみなしってるとけい
ごくへのぼるおじいさんとけいともおわか
A D G D7 G Am G D7
さ
さ
れ
いまはもう うごかないそのとけ
mp

G mf G
いー ひゃく ねん やすまずに チク タク チク タク お
mf
mp G D7
じいさんといっしょに チク タク チク タク い まは もう
mp
G Am G D7 1.2.G 3.G
うごかない そのとけ いー 2.な いー
3.ま
1.2. 3.

あわてんぼうのサンタクロース

吉岡　治 作詞
小林亜星 作曲

D7 G7 C7 F
えにやってきたいそいでリンリン
いてらおっこちたあいたたドンドン
からおどったよたのしくチャチャ
よとかえってくさよならシャララン
げのおじいさんリンリンリンチャチャ
F7 B♭ Bdim7 F
リンいそいでリンリンリンならしておく
ドンあいたたドンドンドンまっくろくろ
チャたのしくチャチャチャみんなもおど
ランさよならシャラランランタンブリンなら
チャドンドンドンシャラランランわすれちゃだめ
C7 F B♭ F
れよかねをーリンリンリンリンリン
けのおかおードンドンドンドンドン
ろよぼくとーチャチャチャチャチャ
してきえたーシャラランランシャララン
だよおもちゃーシャラランリンチャチャ

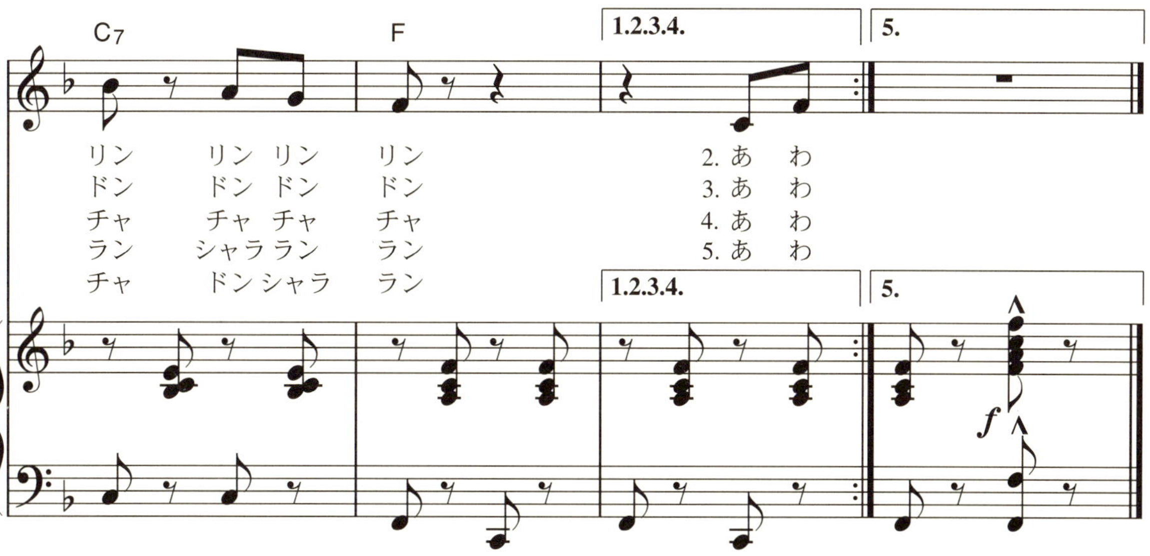
C7
F
1.2.3.4.
5.
リン　リン リン　リン
ドン　ドン ドン　ドン
チャ　チャ チャ　チャ
ラン　シャラ ラン　ラン
チャ　ドン シャラ　ラン
2. あ　わ
3. あ　わ
4. あ　わ
5. あ　わ
1.2.3.4.
5.
f

さよならマーチ

井手隆夫 作詞
越部信義 作曲
くらかけ昭二 編曲

いきいきと

C
B♭
A♭
B♭
C
A
mf
C
F♯dim7
G
f
(テューバのように)
か え り た く
な い
C
F
G7
F
A7
か え り た く
な い
か え り た く
ない け ど ー

- 歌に入ってからは右手はメロディーだけでもよいが、できれば全部演奏してください。
- B の部分は何回かくりかえして歌う。

Dm G7 C Am F D G7
さよならマー チ
p f
B C mf G7 F G7 C
さ らばい ばい さ らばい げん きにさ ら ばい
G7 F G7 C
さ らばい ばい さ らばい げん きにさ ら ばい
C Cm A♭ C F G7 C
そろそろ もんが しまっちゃう ほ らつかまえ た

C G7 F G7 C
さ らばい ばい さ らばい げん きにさら ばい
F♯dim7 G D C B7 Em
f mf
あ し た の あ し た に
※白鍵のクラスター
任意の白鍵を同時に押す
F G C C7 F F♯dim7
ま た あ そ ぼう にっ こ り わらっ て ま た ね ー
G G7 C D♭7 C
やくそくマ ー チ
p f

お化けなんてないさ

槇みのり 作詞
峯　　陽 作曲
下田和男 編曲

Allegretto
G Am D G
f
mf G Am D7 G
1. おばけなんてないさ おばけなんてうそさ
2. ほんとにおばけが でてきたらどうしょう
3. だけどこどもなら ともだちになろう
4. おばけのともだち つれてあるいたら
5. おばけのくにでは おばけだらけだってさ
mf
G Am D7 G
ねーぼけたひとが みまちがえたのさ
れいぞうこにいれて かちかちにしちゃおう
あくしゅをしてから おやつをたべよう
そこらじゅうのひとが びっくりするだろう
そんなはなしきいて おふろにはいろう

mp Cm/A
A7
D7
だけどちょっと だけどちょっと
ぼくだってこわいな
mp
mf G
Am
1.2.3.4.
D7
G
おばけなんてないさ
おばけなんてうそさ
1.2.3.4.
mf
D7
mf
5.
D7
G
D7 G
おばけなんてうそさ
5.

ふしぎなポケット

まど・みちお 作詞
渡辺　茂 作曲

♩= 112
G
mf
D7
G
G
1. ポ ケッ ト の な か に は ビス ケッ ト が ひ と つ
2. も ひ と つ た た く と ビス ケッ ト は み っ つ
D7
D7
G
ポ ケッ ト を た た く と ビス ケッ ト は ふ た つ
た た い て み る た び ビス ケッ ト は ふ え る

(ゆっくり)
G
D7
G
3. そ ん な ふ し ぎ な ポ ケッ ト が ほ し い
D7
G
そ ん な ふ し ぎ な ポ ケッ ト が ほ し い
(もとの速さで)
D7
G
(右手の半音階はグリッサンドに代えてもよい)

ぶらんこ

都築益世 作詞
芥川也寸志 作曲
くらかけ昭二 編曲

Andante ♩=66 environ
E♭
mp
non rit.
(あかるく)
mp E♭
A♭
E♭
1. ぶ ら ん こ ゆ れ て お そ ら が ゆ れ る
2. な か よ し こ よ し げ ん き な ぼ く ら
B♭7
mf E♭
ゆ ら ゆ ら ゆ ら りん き の え だ ゆ れ て
ゆ ら ゆ ら ゆ ら りん な か よ く こ げ ば
simile

B♭7
E♭
dim. molto
pp
わたしも ゆれる ゆらゆら ゆらりん
なかよく ゆれる ゆらゆら ゆらりん
mp
B♭7
E♭
1.Gm B♭7 E♭
ゆらゆら ゆらりん
ゆらゆら ゆらりん
1.
mf
rit.
mp a tempo
2 3 1
E♭
non rit.
2.Gm B♭7 E♭
mf
rit.
pp

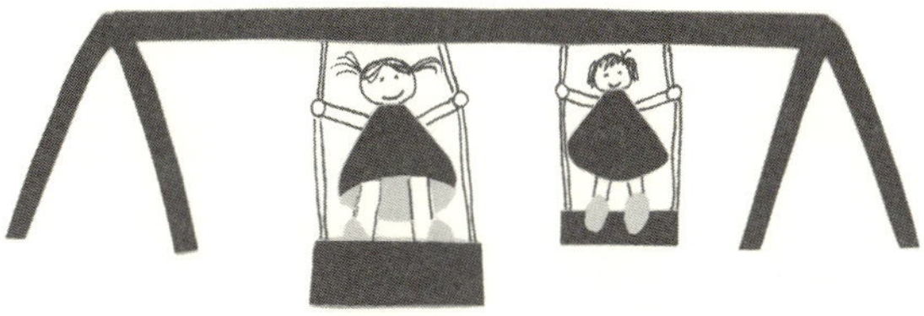

やぎさんゆうびん

まど・みちお 作詞
團　伊玖磨 作曲

♩＝120 可愛らしく
mf
mp
1. しろやぎさんから　おてがみついた
2. くろやぎさんから　おてがみついた
くろやぎさんたら　よまずにたべた
しろやぎさんたら　よまずにたべた

F
B♭ F
1.2. し か た が な い の で お て が み か い た
mf C
F
B♭ F
C F
さっ き の て が み の ご よ う じ な あ に
mf

<コラム①>

●幼児の表現を上手に引き出そう

子どもたちの声は非常にデリケートです。必要以上に大きな声を出すことは大事な声帯を痛めてしまうことにもつながります。しかし子どもたちは興が高じてくると、がなるように大きな声で歌うことがあります。こんな時みなさんはどうしますか。「もっと優しい声で歌おうね」とか「きれいな声で歌おうね」と言いますか。

「かえるの合唱」を歌っていた時です。曲を覚えた子どもたちは大きな声でがなるように歌い始めました。「それ何がえる?」すると子どもたちは「怪獣ガエル」と答えました。そこで私は「じゃ、赤ちゃんガエルをやって」。すると子どもたちは少し小さめの柔らかい声で歌い始めました。味をしめた私は、おとうさんがえる、おかあさんがえる、おにいさん、おねえさんといろいろなカエルを要求しました。すると彼らは豊かな感性と想像力を駆使してさまざまな表現をしてくれました。その中で最もきれいに澄んだ声で歌ってくれたのは、なんと「それじゃ、みなさんガエル」でした。「だめ」とか「こんなふうにやって」と言うよりも、子どもたちの欲求や感性に働きかけて結果的にねらった方向に持っていくほうがスムーズに展開しますし、子どもたちの教育にもつながるようです。ちなみに怪獣以外にも大声でがなったのがありました。それは「おかあさんガエル」でした。子どもいわく「だっておかあさんいつもガミガミ怒ってばかりいるんだもん」だそうです。

（那須一彦）

ありさんのおはなし

都築益世 作詞
渡辺　茂 作曲

♩= 108
F C7 F
mf
F C7 F
1. ありさんの おはなし きいたかね
2. ありさんの おはなし きいたかね
F C G7 C7 F
ちいさな こえだが きこえたよ
ないしょの こえだが きこえたよ

F
お い し い　お か し を　み つ け た　よ
お お き な　も も の み　み つ け た　よ
C7　F　C　G7　C7　F
と な り の　お う ち の　お に わ だ　よ
み ん な で　な か よ く　た べ に こ　い
F　C7　F

あめふりくまのこ

鶴見正夫 作詞
湯山 昭 作曲

やさしく はなしかけるように ♩=104 ぐらい

D F♯m G D A7
mp
dolce
3
D Em7 A7 D D F♯m
mf
mp
G A7 D
1. おやまに あーめが ふりました あとから あとから ふってき
2. いたずら くまのこ かけてきて そうーっと のぞいて みてまし
3. なんにも いないと くまのこは おみずを ひとくち のみまし
4. それでも どこかに いるようで もいちど のぞいて みてまし
5. なかなか やまない あめでした かさでも かぶって いましょう

て ちょろちょろ おがわが できました
た さかなが いるかと みてました
た おててで すくーって のみました
た さかなを まちまち みてました
と あたまに はっぱを のせました
（間奏は３番のあとに）
D.S.

おはなし表現あそび

歌と歌の間にナレーションを入れてみよう

保育者：　きょうは雨が降っているから、お外で遊べなくて残念ね。

☆あのね、あの向こうのお山の、またその向こうのお山にはね、とっても元気のいいくまさんたちの住んでいるところがあってね……　（前奏を入れながらお話しを続けます）
やっぱりきょう雨が降っているんだって。元気のいいくまさん何しているかちょっとのぞいて見てみましょうか？　（１番と２番をうたいます。子どもたちと一緒にうたってもよい）
（間奏を入れながら）

☆あれぇ～！ こんなところに小川があるよ！ お魚さんいるのかなぁ？
（３番をうたいます）……以下、このようにしてお話を発展させていきます。　（伊藤嘉子）

いぬのおまわりさん

佐藤義美 作詞
大中　恩 作曲

♩＝104
D A
mf
D A7 D A
1. まいごのまいごの　こねこちゃん
2. まいごのまいごの　こねこちゃん
A7 D A G D A7 D
mp
あなたのおうちは　どこですか　おうち　をきいても
このこのおうちは　どこですか　からす　にきいても

A7 D
わ か ら な い な ま え を きい て も わ か ら な い
わ か ら な い す ず め に きい て も わ か ら な い
mf
mf D A7 Em B
にゃんにゃんにゃんにゃーん にゃん にゃんにゃんにゃーん な い て ば か り い る
にゃんにゃんにゃんにゃーん にゃん にゃんにゃんにゃーん な い て ば か り い る
mf
A E7 A A7 mp D F♯m Bm
こ ね こ ちゃ ん い ぬ の お ま わ り さん
こ ね こ ちゃ ん い ぬ の お ま わ り さん
mp
右 1
左 5

Em D E7 A7 D
こ まっ て し まっ て わん わん わんわーん わん わん わんわーん
こ まっ て し まっ て わん わん わんわーん わん わん わんわーん
D A D

＜コラム②＞

●グー・チョキ・パーで拡がる表現あそび

「グー・チョキ・パーで、グー・チョキ・パーで、何つくろう、何つくろう、右手はグーで、左手チョキで、かたつむり、かたつむり」

……誰もがよく知っている手あそびですが、定番ものからとび出して、もっと拡がりをもったグー・チョキ・パーを、学生たちに考えてもらいました。

「右手はグーで、左手もグーで、ボクシング」

「右手はパーで、左手もパーで、なんまいだ」

「右手はいなかチョキで、左手はパーで、早射ちガンマン」

このように考えてみると数かぎりなく出てきます。無限に拡がるグー・チョキ・パーの世界、あなたも作ってみませんか。

（くらかけ昭二）

世界中のこどもたちが

新沢としひこ 作詞
中川ひろたか 作曲

G
3
G
せかいじゅうのこどもたちがいちど
せかいじゅうのこどもたちがいちど
せかいじゅうのこどもたちがいちど
E7
Am
にわらったらそらもわらうだ
にな一いたらそらもな一くだ
にうたったらそらもうたうだ

to 𝄌
D7
C
D7
1.G
3
ろ う ラララ う みも わら うだ ろう 2. せかい
ろ う ラララ う みも なく だろ
ろ う ラララ う みも うた うだ
1.
2.G
B
Em
う ひろげ よう ぼくらの ゆめ をとどけ
2.
A
D7
B
よう ぼくらの こえ をさかせ よう ぼくらの

Em A D7
3
はなをせかいに にじをかけよう 3. せかい
gliss.
3
D.S.
Coda
G Am D7 G
ろう ラララ ラ ララ ラ ララ ラ
3 3
C G
ラ ラ ー
3 3 3 3
gliss.

そうだったらいいのにな

井出隆夫 作詞
福田和禾子 作曲

♩= 112 元気よく、楽しそうに
C Am Dm G7 C Am
Dm G7 C Am Dm G7
C C7 F G7
そーうだったら いいのにな そーうだったら
C6 C
いいのにな
1. うちのおにわがジャングルで
2. チビッコギャングの おやぶんで
3. サンタクロース つかまえて
4. ママがこどもに なっちゃって

D7 G7 C C7
こ い ぬ のタ ロ ー が ラ イ オ ン だ
お お き なゴ リ ラ が よ う じ んぼう
う ち だ けま い ば ん ク リ ス マ ス
わ た し がか わ り に お か あ さ ん
そ ー う だ っ た ら
F G7 C6
い い の に な
そ ー うだっ た ら い い の に な

タロー

おかあさん

田中ナナ 作詞
中田喜直 作曲

♩=92 くらい
D Em7 A7 子 D 母 Bm
1. お か あ さん な あ に
2. お か あ さん な あ に
p p
子 Bm F♯m Em 母 A7
お か あ さん て いい に お い せ ん た く し て い た
お か あ さん て いい に お い お りょ う り し て い た
mp
母と子 Bm Em D Bm (V) Em7 A7 Bm
に お い で しょ しゃ ぼ ん の あ わ の に お い で しょ
に お い で しょ た ま ご や き ー の に お い で しょ

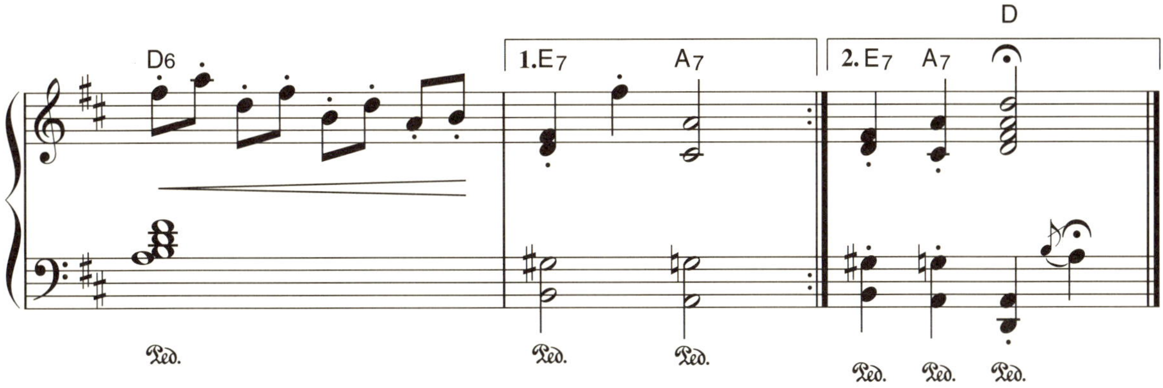

ボディー・パーカッション

- 身体のいろいろな部分を楽器にして、ボディー・パーカッションを楽しみましょう。
- 手拍子・ひざうち・足ぶみ等。（他の場所も可能です。いろいろな音を探しましょう）
- 身体の場所による音の違いを感じ、身体全体でリズムを表現しましょう。

1. ひざ

- 両手で両ひざを打つ時と、右手で右ひざを左手で左ひざを打つ時の音の違いを聴こう。

2. 手
足

- 足と手のリズム
〈足〉座って ── 両足あるいは片足で
立って ── ジャンプ

3. 手
足

- 𝅗𝅥 は空間を使って大きくジャンプ
- 𝅗𝅥 と ♩ のジャンプを動きで表現

4. 手
ひざ
足

- 手、ひざ、足の音の違いとリズム
〈足〉座って ── 片足がやりやすい
立って ── ジャンプ

5. ① 手

② ひざ

③ 足

- ①手のみ　②ひざのみ　③足のみのリズム遊び
- ①と②、②と③、①と③あるいは①②③全部など、いろいろな組み合わせでリズム遊びを楽しめます。

（高倉秋子）

アイスクリームのうた

佐藤義美 作詞
服部公一 作曲

すこし遅めの行進曲
B♭ Fm B♭ Fm B♭ Fm B♭ F7 B♭
mf
1. おと
2. おと
mf
F7
ぎばなしのおうじでも むかしはとても
ぎばなしのおうじょでも むかしはとても
B♭ C♯dim7 F7
たべられない アイスクリ ム アイ
たべられない アイスクリ ム アイ

Gm/C
F7
B♭
ス ク リ ー ム ぼ く は お う じ で は
ス ク リ ー ム わ た し は お う じょ で は
F7
B♭
ない け れ ど ア イ ス ク リ ー ム を め し あ が る ス プー
ない け れ ど ア イ ス ク リ ー ム を め し あ が る ス プー
B♭
C♯dim7
F7
ン で す くっ て ぴ ちゃ ちゃ ちゃ し た に の せ る と
ン で す くっ て ぴ ちゃ ちゃ ちゃ し た に の せ る と
3

B♭ G Cm F7
トロントロのどを おんがくたいが とお
トロントロのどを おんがくたいが とお
3
B♭ F7 B♭ F7 B♭ f C7
ります プカプ カドンドン
ります プカプ カドンドン
f
F6 mf C7 F6
つめたいね ルラルラルラ あまいね チー
つめたいね ルラルラルラ あまいね チー

D7 Gm6 Cdim7 C7
タカ タツ タツ タツ お いしい ね ア イ ス クー リー ム は
タカ タツ タツ タツ お いしい ね ア イ ス クー リー ム は
1. F7
2. F7
B♭
た のし いね た のし いね お と ぎ ばなし の
1.
2.
F7 B♭
おう じ で も む か し は と て も た べ ら れない ア イ

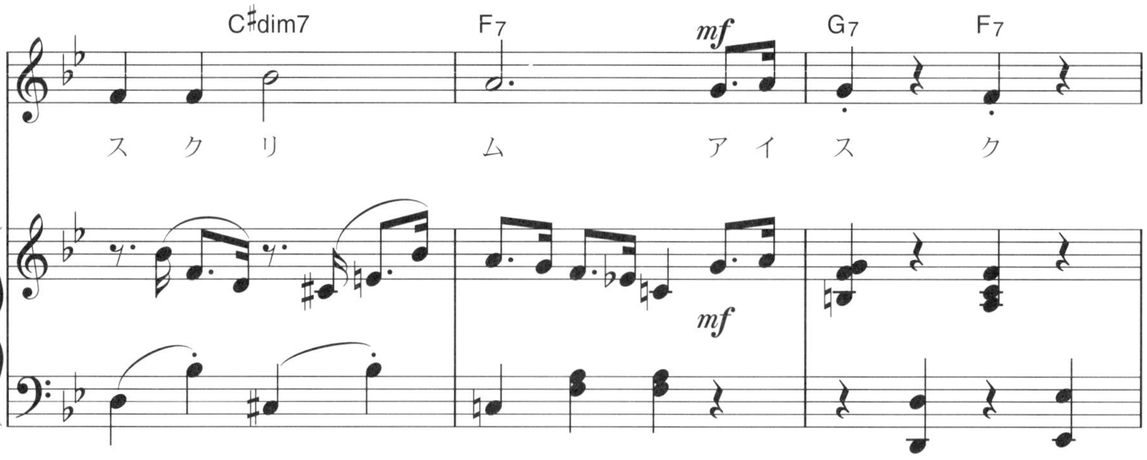

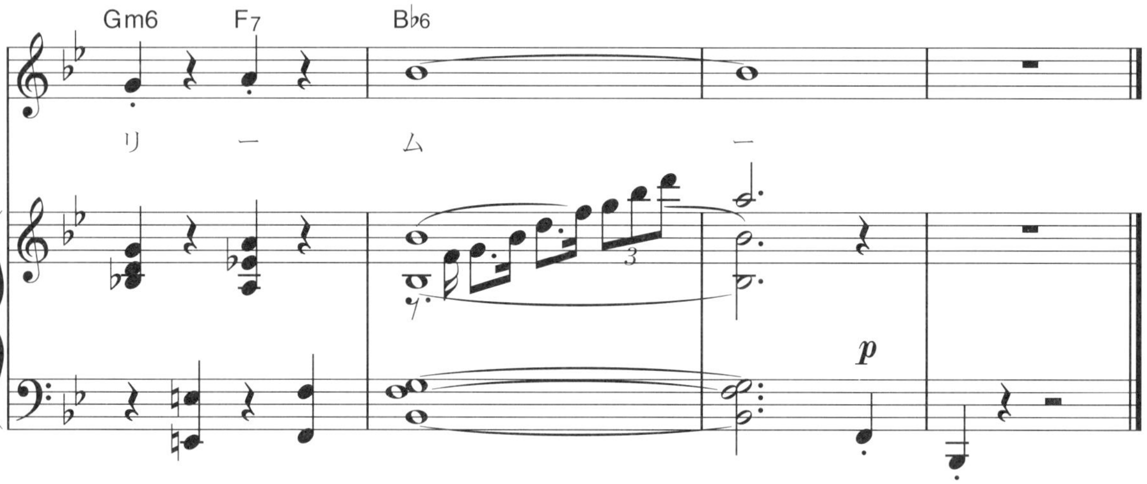

ワンポイント手話

- 「小さな世界」の歌詞に合わせて、ワンポイント手話を入れてみましょう。
- 動作の意味が相手にうまく伝わるように、顔の表情も豊かに表現しましょう。

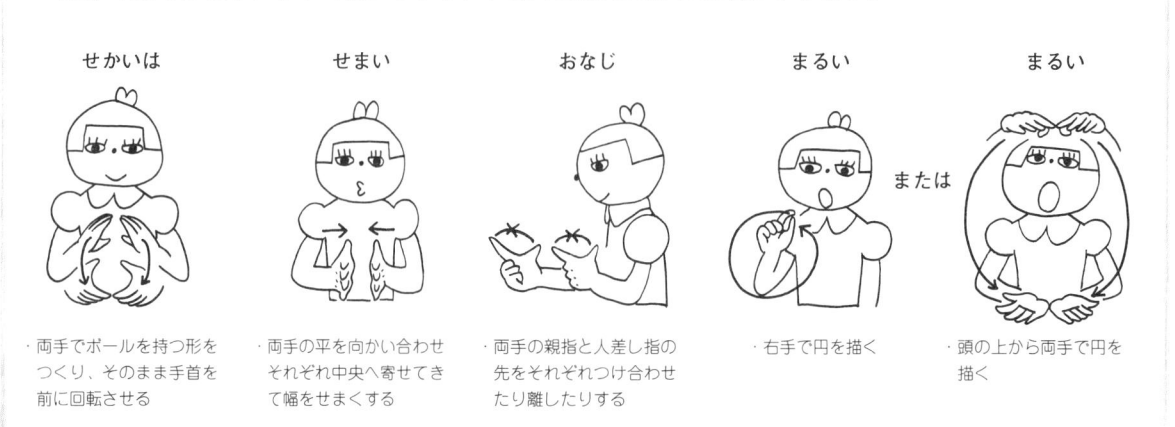

せかいは

・両手でボールを持つ形をつくり、そのまま手首を前に回転させる

せまい

・両手の平を向かい合わせそれぞれ中央へ寄せてきて幅をせまくする

おなじ

・両手の親指と人差し指の先をそれぞれつけ合わせたり離したりする

まるい

・右手で円を描く

または

まるい

・頭の上から両手で円を描く

小さな世界
IT'S A SMALL WORLD

若谷和子 日本語詞
R.シャーマン兄弟 作曲

Tempo di marcia

G C Cm D7
G
A G D7
1. せか いじゅうどこ だってわら
いじゅうだれ だってほほ
G
いありなみ だありみん なそれぞれた
えめばなか よしさみん なわになりて
C Cm D7 G
すけあうちい さなせか い
をつなごうちい さなせか い

B
f G
D7
1.2. せ かい は せ まい せ かい は
G
C Cm
おなじ せ かい は ま る い ただ
D7
1. G
2.
ひ と つ 2. せか つ
ラ ラ
1.
2.

- マーチのテンポで元気よく生きいきと弾きましょう。
- Aと Bのメロディーを重ねて、2部合唱を楽しむことができます。
- それぞれのメロディーをしっかり覚えたら、2部合唱の楽しさも味わってみましょう。

C
mf
G
D7
ラ ラ ラ ラ ラ ラ ラ ラ ラ ラ ラ
ラ ラ ラ ラ ラ ラ ラ ラ ラ ラ ラ ラ ラ ラ ラ
G
C
Cm
ラ ラ ラ ラ ラ ラ ラ ラ ラ ラ ラ ラ
ラ ラ ラ ラ ラ ラ ラ ラ ラ ラ ラ ラ ラ ラ ラ ラ ラ
D7
G
D7
G
ラ ラ ラ
ラ ラ ラ ラ ラ

ドレミの歌

O.ハマースタイン2世 原作詞
ペギー葉山 日本語作詞
R.ロジャース 作曲
くらかけ昭二 編曲

自由に
N.C.
G7
A
C 活き活きしたテンポで
ド は ドー ナ ツ の ド レ は レモンの レ ー
どんなときにも れ つ をーくん で ー
C
G7
ミ は み ん な の ミ ファ は ファイトの
み ん な た の し く ファ イ トをもっ

Lyrics by Oscar Hammerstein II
Music by Richard Rodgers

G7 C C7 F
ファ ー ソ は あ お い そ ら ー
て ー そ ら を あ お い で ー
ソ ー ファ ー
D D7 G E E7
ラ は ラ ッ パ の ラ ー シ は し あ わ せ
ラン ラ ラ ラ ラ ラ ラ ー し あ わ せ の う
ラ ー ソ ー シ ー
Am C7 F G7 to Φ 1.C
よ ー さ あ う た い ま しょ ラン ラン ラン
た ー さ あ う た い ま
ラ ド
1.

B
2.
C C7 F G7
しょ ー ド レ ミ ファ ソ ラ シ
2.
C G7 C
ド ド シ ラ ソ ファ ミ レ ド ミ ミ
G7
ミ ソ ソ レ ファ ファ ラ シ シ

C G7 C
ソ ド ラ ファ ミ ド
ドミミ ミソソ レファファ ラシシ ドミミ ミソソ
G7 C G7
レ ー ソ ド ラ
レファファ ラシシ ドミミ ミソソ レファファ
to
(D.S.しないとき)
C G7 C G7
シ ド レ ド ー
ラシシ ミ ファ ミ ー
D.S.

Coda
C C7 F G7 C
ド ー ドレミ ファ ソ ラ シ ド ー
ミ ー ドレミ ファ ソ ラ シ ド ー

〔演奏順の例〕

① A ──→ B ──→ 𝄌

② 𝄆 A 𝄇 ──→ 𝄌

③ 𝄆 A 𝄇 ──→ B ──→ 𝄌

④ 𝄆 A 𝄇 ──→ B ──→ 𝄋 ──→ 𝄌

- ④のようにD.S.したときは、１番の歌詞をうたいます。
- 合唱パートは、もし良ければ利用してください。
- 歌と共に、ハンド・ベルや打楽器その他を合わせると、演奏効果が一層まします。その場合、演奏する人たちが考え、話し合いながら自主的な取り組みをすると、さらに内容が濃くなります。

どんな色がすき

坂田　修　作詞 作曲
乾　裕樹　編曲

♩= 126 ぐらい (♪. ♬ = ♩ ♪ 3連)

G　C　D7　G　C7　G　G
1. どんな いろ が す
2. どんな いろ が す
3. どんな いろ が す
G　D7　C　C♯dim
き あか あかい いろ がすき いちばんさ きに
き あお あおい いろ がすき いちばんさ きに
き きいろ きいろ いい ろがすき いちばんさ きに
G　B7　Em　Am7　D7　1.2. G　C　G　3. G　C　G
なくなるよ あかい クレヨ ン ン
なくなるよ あおい クレヨ ン
なくなるよ きいろ いクレヨ
1.2.　3.

C C♯dim G B7 Em Am7 D7 G Am7/D
G D7
どんないろ がすき みどり みどりいろ がすき
C C♯dim G B7 Em Am7 D7 G
いちばんさ きに なくなるよ みどりのクレヨン
G C Am7 D7 G D7 G
いろ いろ いろ いろ いろんないろがあるーー

G C A7 D7
いろ いろ いろ いろ いろんないろがあ
G E♭7 A♭
るー どんないろがすき ぜんぶ ぜんぶのいろがす
E♭7 D♭ Ddim A♭ C7 Fm
き みんないっしょになくなるよ
B♭m7 E♭7 A♭ B♭m7 E♭7 A♭ D♭ A♭
ぜんぶのクレヨン ぜんぶのクレヨン

< 編集委員 >

伊藤嘉子（東萌保育専門学校教授、全国大学音楽教育学会専務理事を歴任）
鞍掛昭二（日本福祉大学名誉教授、全国大学音楽教育学会顧問）
三瓶令子（郡山女子大学短期大学部、全国大学音楽教育学会東北地区学会事務局長）
吉野幸男（國學院短期大学、全国大学音楽教育学会名誉理事長）

< 編集協力者 >

平松昌子（北海道文教大学短期大学部）
澤田直子（拓殖大学北海道短期大学）
相澤保正（弘前福祉短期大学）
木村博子（青森明の星短期大学）
松原靖子（聖和学園短期大学）
那須一彦（山形短期大学）
熊田みちよ（郡山女子大学短期大学部）
小澤啓子（郡山女子大学短期大学部）
糸賀恵美（茨城女子短期大学）
高倉秋子（足利短期大学）
下田和男（和泉短期大学）
近藤茂之（桜花学園名古屋短期大学）
小川宜子（岡崎女子短期大学）
藤本逸子（豊橋創造大学短期大学部）
岡田泰子（中部学院大学短期大学部）
高御堂愛子（一宮女子短期大学）
吉用愛子（岐阜聖徳学園大学短期大学部）
三宅啓子（高田短期大学）
尾籠一夫（近畿大学九州短期大学）
畠澤郎（鹿児島大学）

NEW《ニュー》 うたって ひこう　すてきな保育者になるために

2003年3月31日　第1刷発行
2015年3月31日　第14刷発行

編　者　伊《い》藤《とう》嘉《よし》子《こ》・鞍《くら》掛《かけ》昭《しょう》二《じ》
三《さん》瓶《ぺい》令《れい》子《こ》・吉《よし》野《の》幸《ゆき》男《お》

発行者　堀　内　久　美　雄

東京都新宿区神楽坂6-30
発行所　株式会社 音楽之友社
電話03(3235)2111(代表) 〒162-8716
振替00170-4-196250

装丁：吉原順一／イラスト：たかき みや／編集協力：古川亨
楽譜浄書：アルスノバ・ミュージック／印刷：岩佐印刷所／製本：誠幸堂

820503